JACQUES SONCK TWICE

H
&F

Jacques Sonck is a discrete and introverted artist who portrays our society in a very genuine way. He shows us our fellow citizens up close, his vision is tender yet sharp; his seemingly objective approach is sprinkled with a delicate touch of humour though.

Each and every one of us could end up in front of his lens. Most banal physical appearances as well as peculiar profiles, all genders, skin colours, sizes, religions, shy individuals and fully aware ones; all at once they all sense this moment of strength. Sonck's portraits are the outcome of street encounters, no other appointments in any form are made.

Jacques Sonck makes his subjects feel totally comfortable, one can witness ephemeral deep contacts in full trust in these remarkable portraits. He has this rare human gift of being able to approach strangers and ask them to open up to be captured on film. These encounters are furtive and truthful, they come to full bloom in particularly refined gelatin silver prints.

This new publication was initiated by Jean-Michel Meyers (also the graphic designer of the book) who came up with the idea of focusing on one aspect of Sonck's rich oeuvre, in this case, pairs. All kinds of pairs: couples, friends, twins, relatives, siblings, but in the end it doesn't really matter which link exactly binds them.

His photographs are untitled, names are not divulged, (Sonck doesn't even ask them). We only get to know the date and the place or city the photos have been taken; the only information that really matters according to the photographer. Sonck wants his portraits to speak for themselves, without the burden of verbal data. The sobriety of the framed images abounds with clues to read them properly.

Just like in August Sanders typologies, we can discern the equilibrium between the individuals and the types – the categories. We get to the essence of the portrayed through his or her clothing, behaviour, way of presenting her- or himself. Jacques Sonck will never use props of his own.

In this book we are triggered to know what exactly binds the two individuals, we are secretly fascinated by identical twins, by the sometimes bizarre duos, by the mysterious relations. I'm pleased to invite you to dive into this specific world of *binômes* within the rich oeuvre of Jacques Sonck.

Roger Szmulewicz, August 2022

Jacques Sonck est un artiste discret et introverti qui dépeint notre société d'une manière très authentique. Il nous montre nos concitoyens de très près, sa vision est tendre mais nette ; son approche apparemment objective est cependant saupoudrée d'un délicat brin d'humour.

Chacun d'entre nous pourrait se retrouver devant son objectif. Les apparences physiques les plus banales ainsi que les profils particuliers, tous les sexes, couleurs de peau, tailles, religions, individus timides et pleinement conscients ; en une seule fois, ils sentent tous ce moment de force. Les portraits de Sonck sont le résultat de rencontres dans la rue, aucun autre rendez-vous, sous quelque forme que ce soit, n'est pris.

Jacques Sonck met ses sujets totalement à l'aise, on peut assister à des contacts profonds éphémères en toute confiance dans ces portraits remarquables. Il a ce don humain rare de pouvoir approcher des étrangers et de leur demander de s'ouvrir pour être saisis sur la pellicule. Ces rencontres sont furtives et véridiques, elles s'épanouissent pleinement dans des tirages gélatino-argentiques particulièrement raffinés.

Cette nouvelle publication a été initiée par Jean-Michel Meyers (également le graphiste du livre) qui a lancé l'idée de se concentrer sur un aspect de la riche œuvre de Sonck, en l'occurrence les paires. Toutes sortes de paires : couples, amis, jumeaux, parents, frères et sœurs, mais en fin de compte, peu importe quel lien exact les lie.

Ses photographies sont sans titre, les noms ne sont pas divulgués (Sonck ne leur demande même pas). On ne connaît que la date et le lieu ou la ville où la photo a été prise ; la seule information qui compte vraiment selon le photographe. Sonck veut que ses portraits parlent pour eux-mêmes, sans le fardeau des informations verbales. La sobriété des images encadrées regorge d'indices pour les lire correctement.

Tout comme dans les typologies d'August Sander, on peut discerner l'équilibre entre les individus et les types – les catégories. On arrive à l'essence de la personne représentée à travers ses vêtements, son comportement, sa façon de se présenter lui-même. Jacques Sonck n'utilisera jamais ses propres accessoires.

Dans ce livre, on est amené à savoir ce qui lie exactement les deux individus, on est secrètement fasciné par les jumeaux identiques, par le tandem parfois bizarre, par les relations mystérieuses. J'ai le plaisir de vous inviter à plonger dans cet univers spécifique des binômes au sein de la riche œuvre de Jacques Sonck.

Roger Szmulewicz, Août 2022

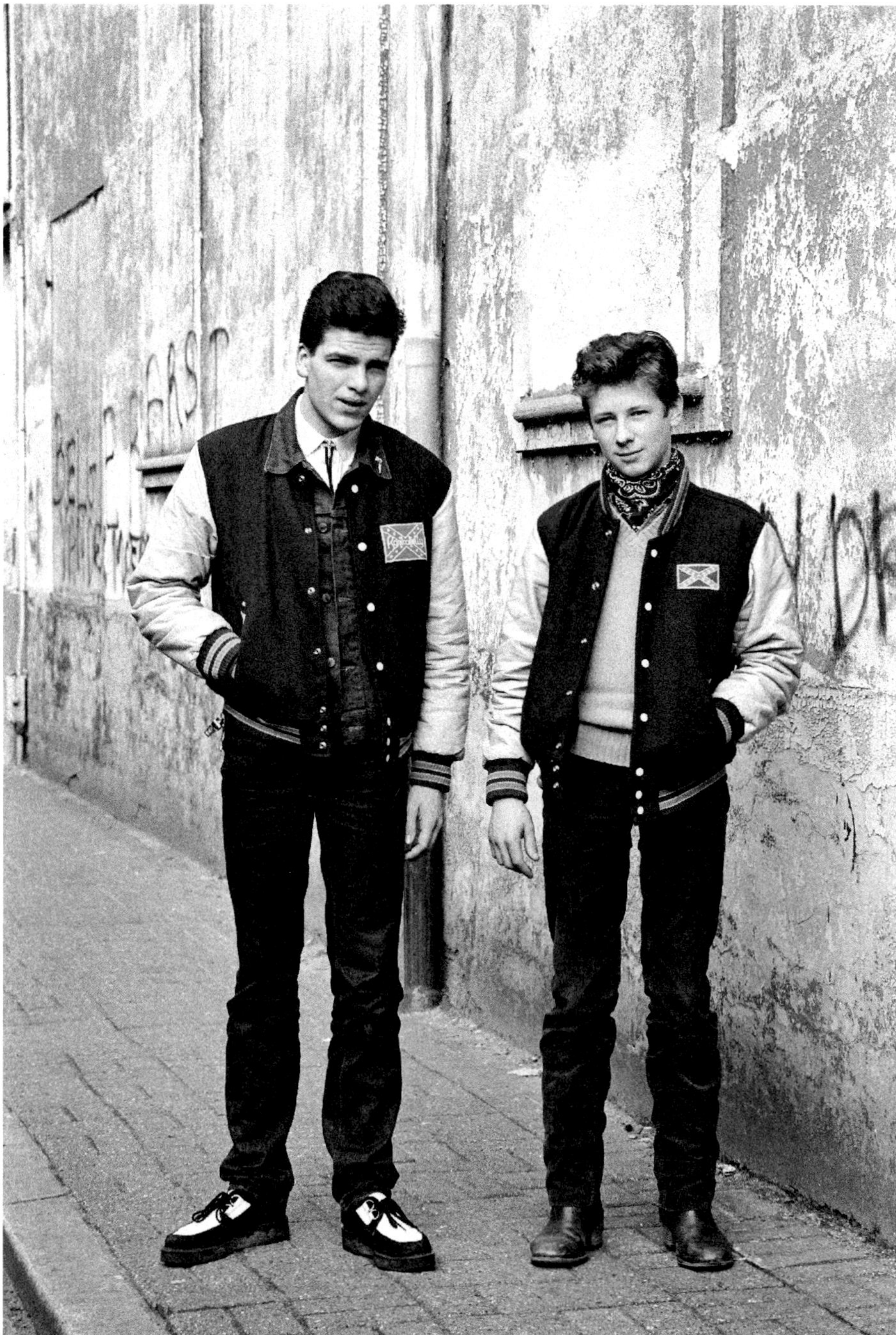

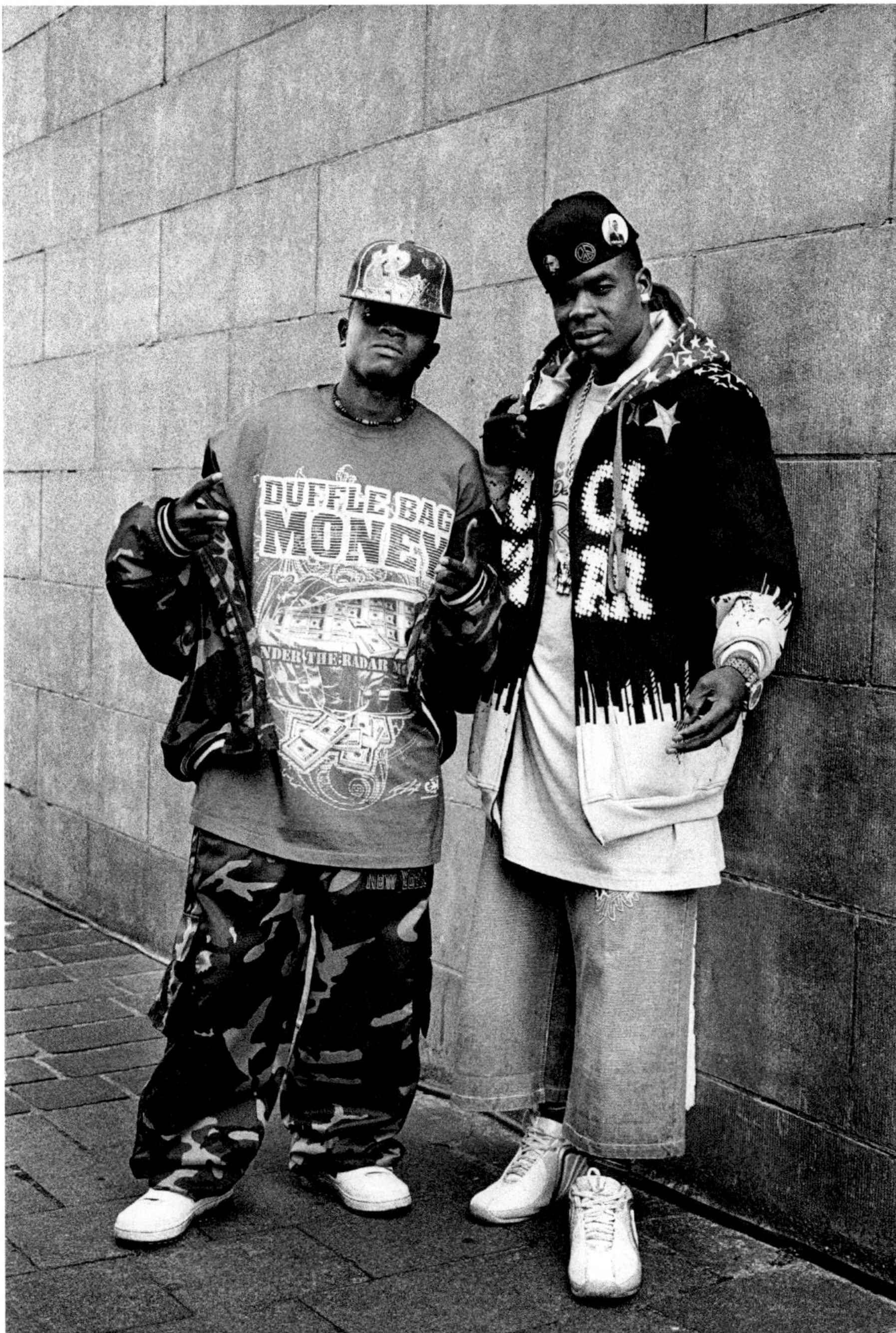
DUFFLE BAG
MONEY

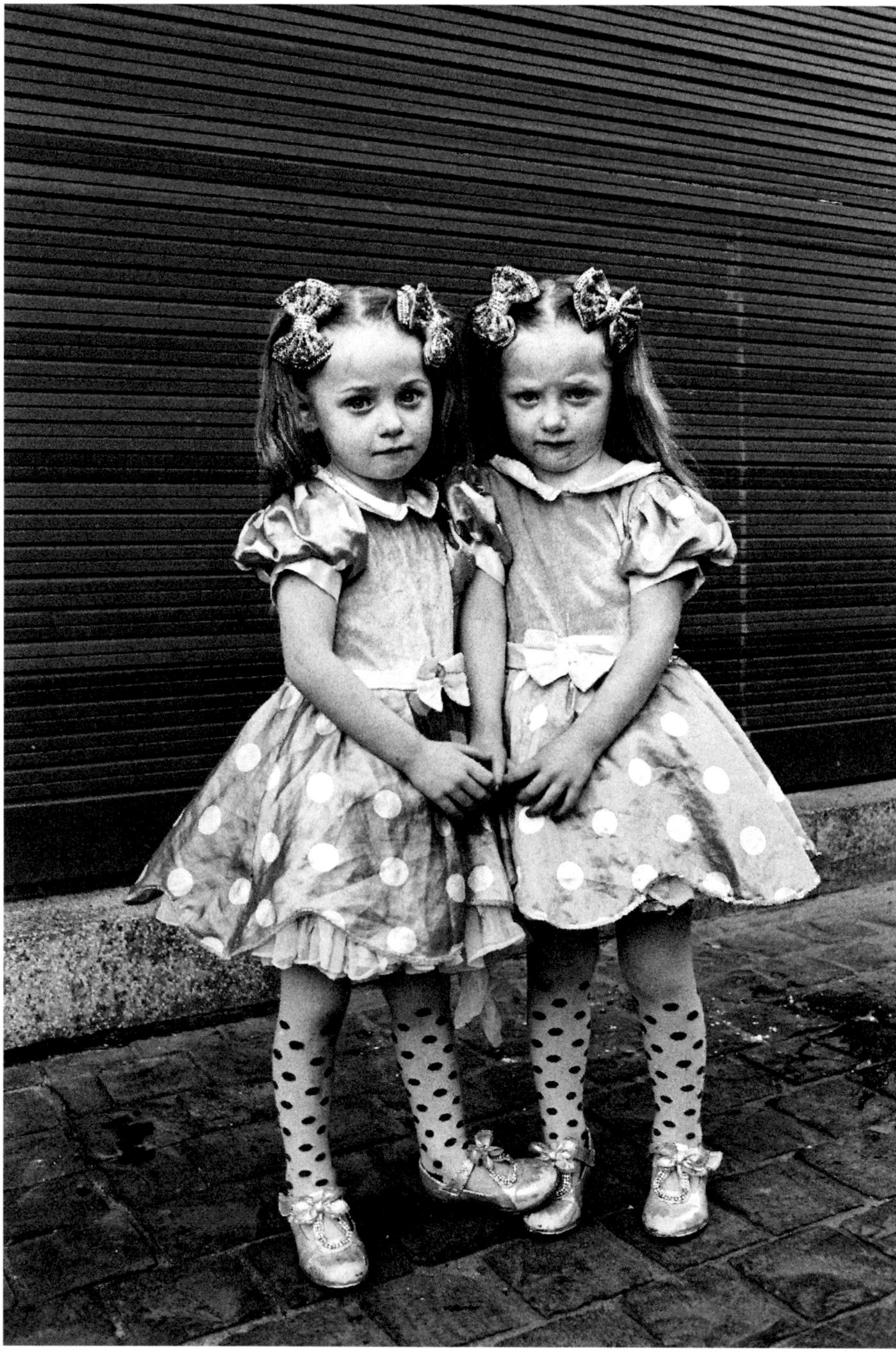

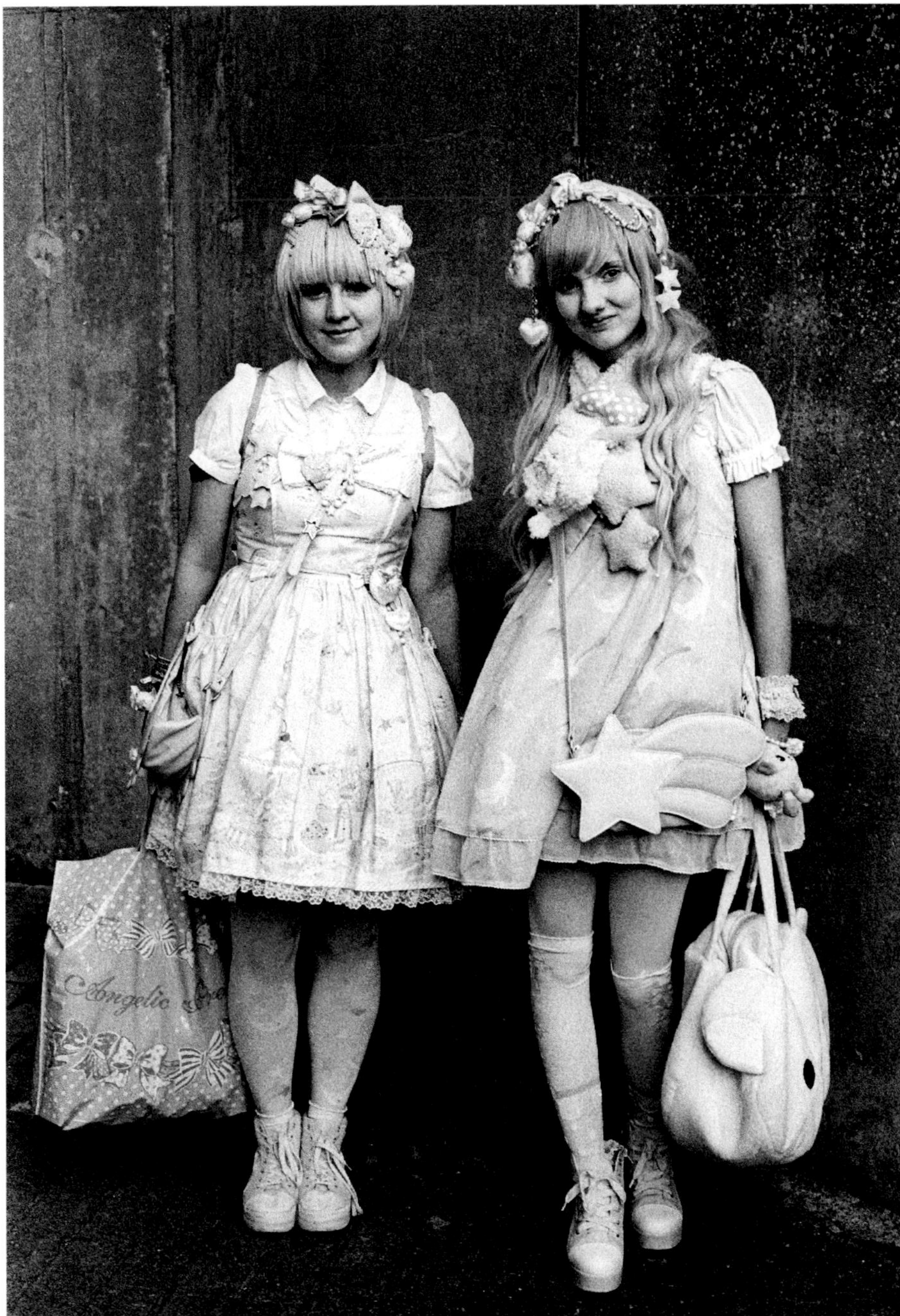
Angelic

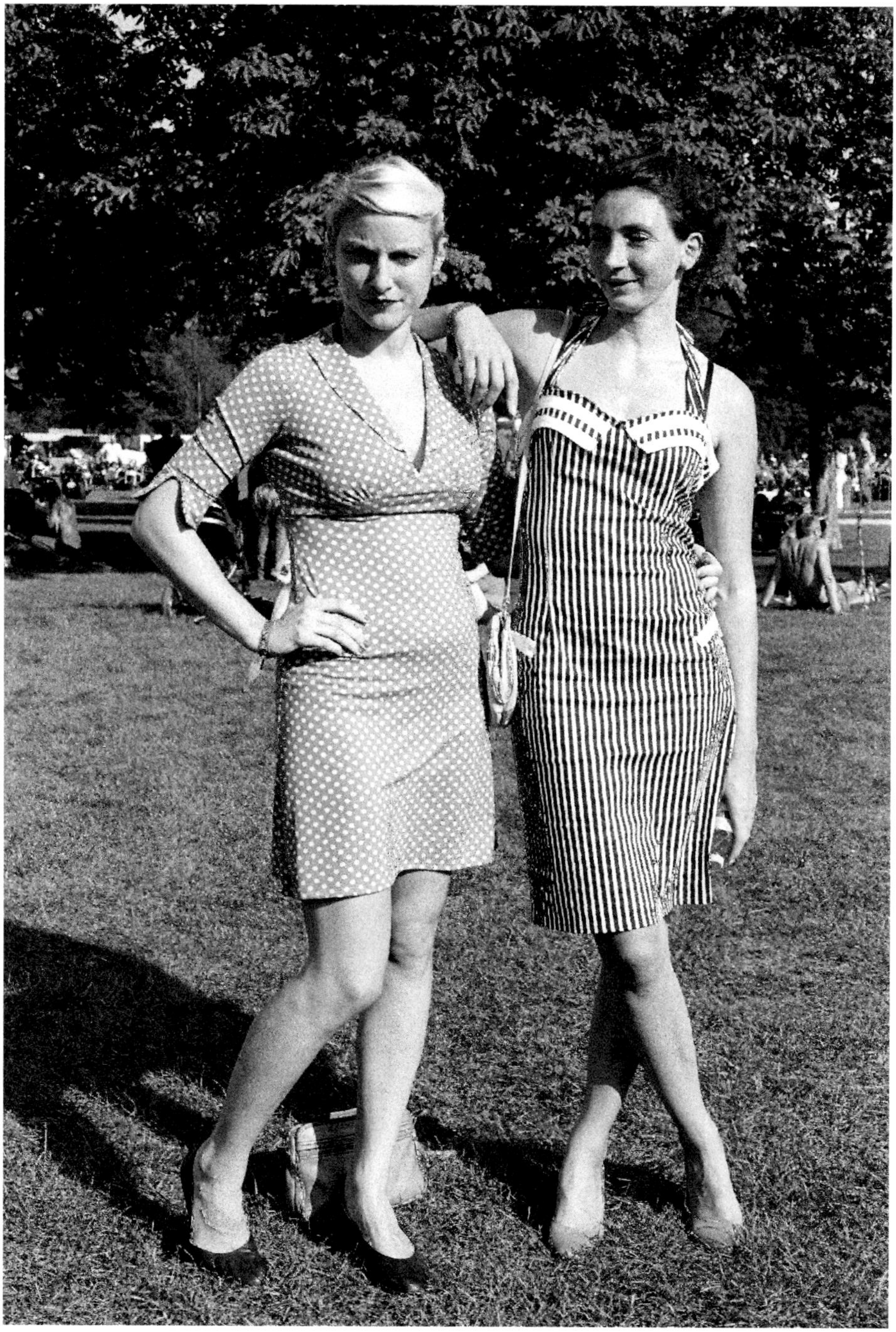

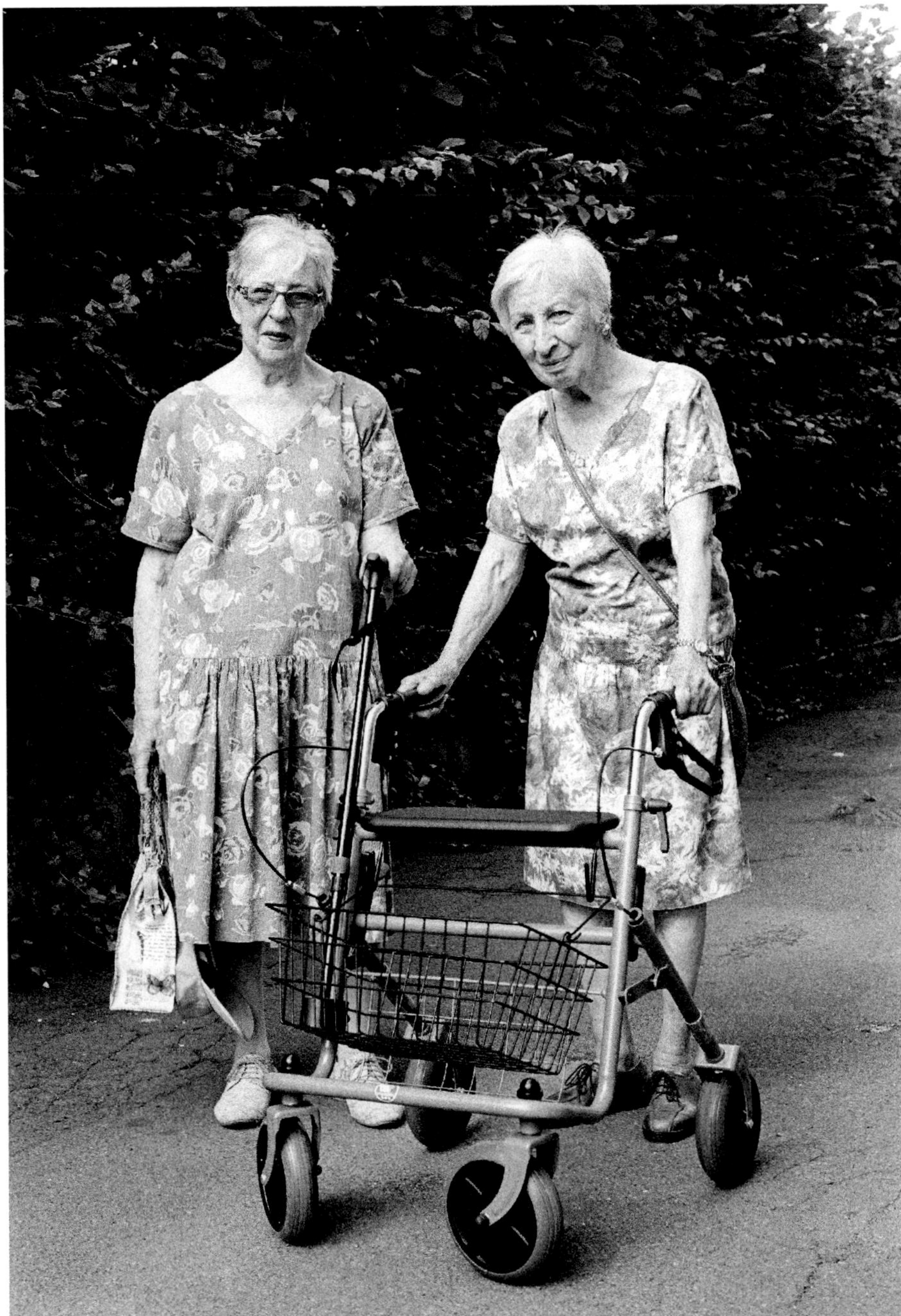

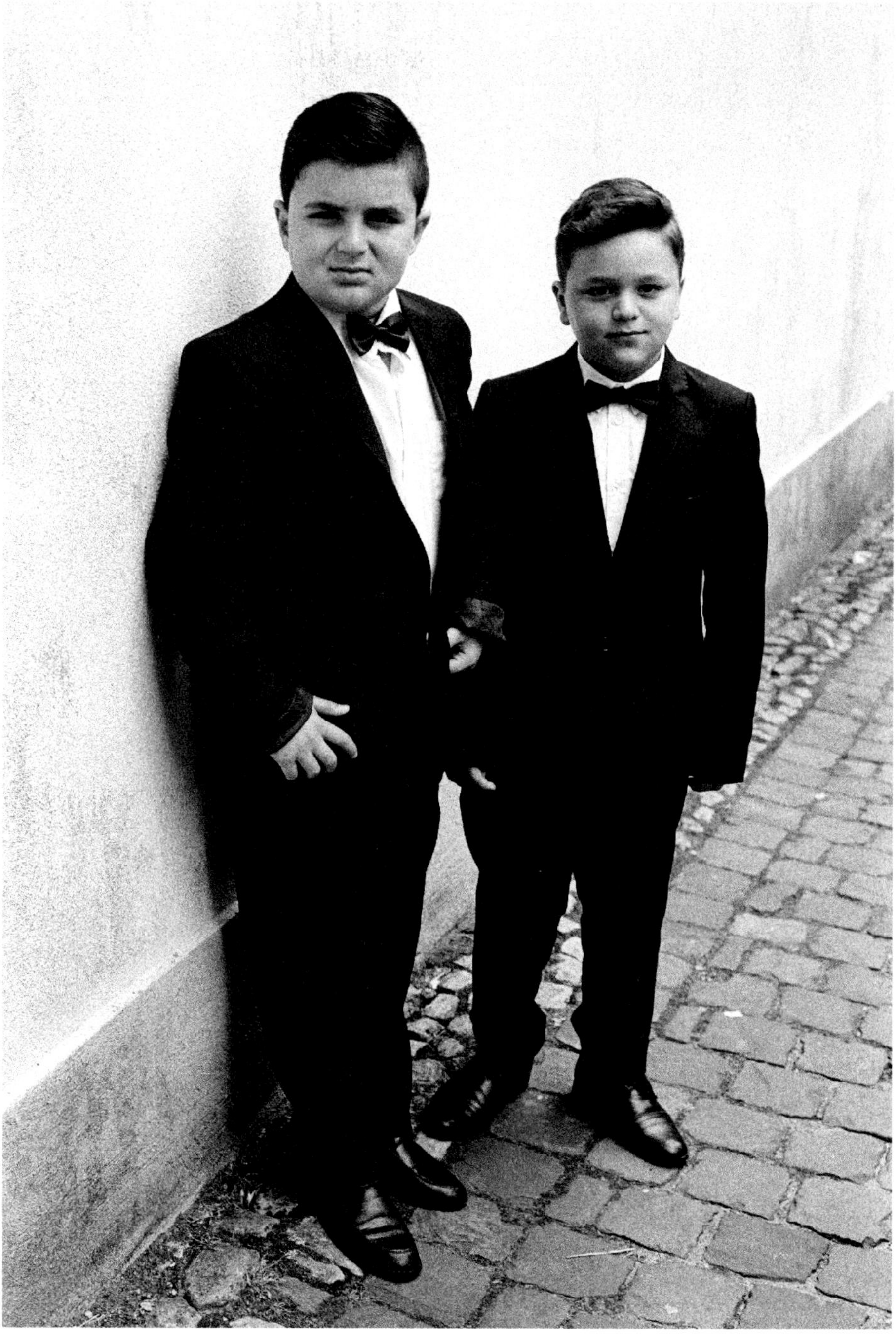

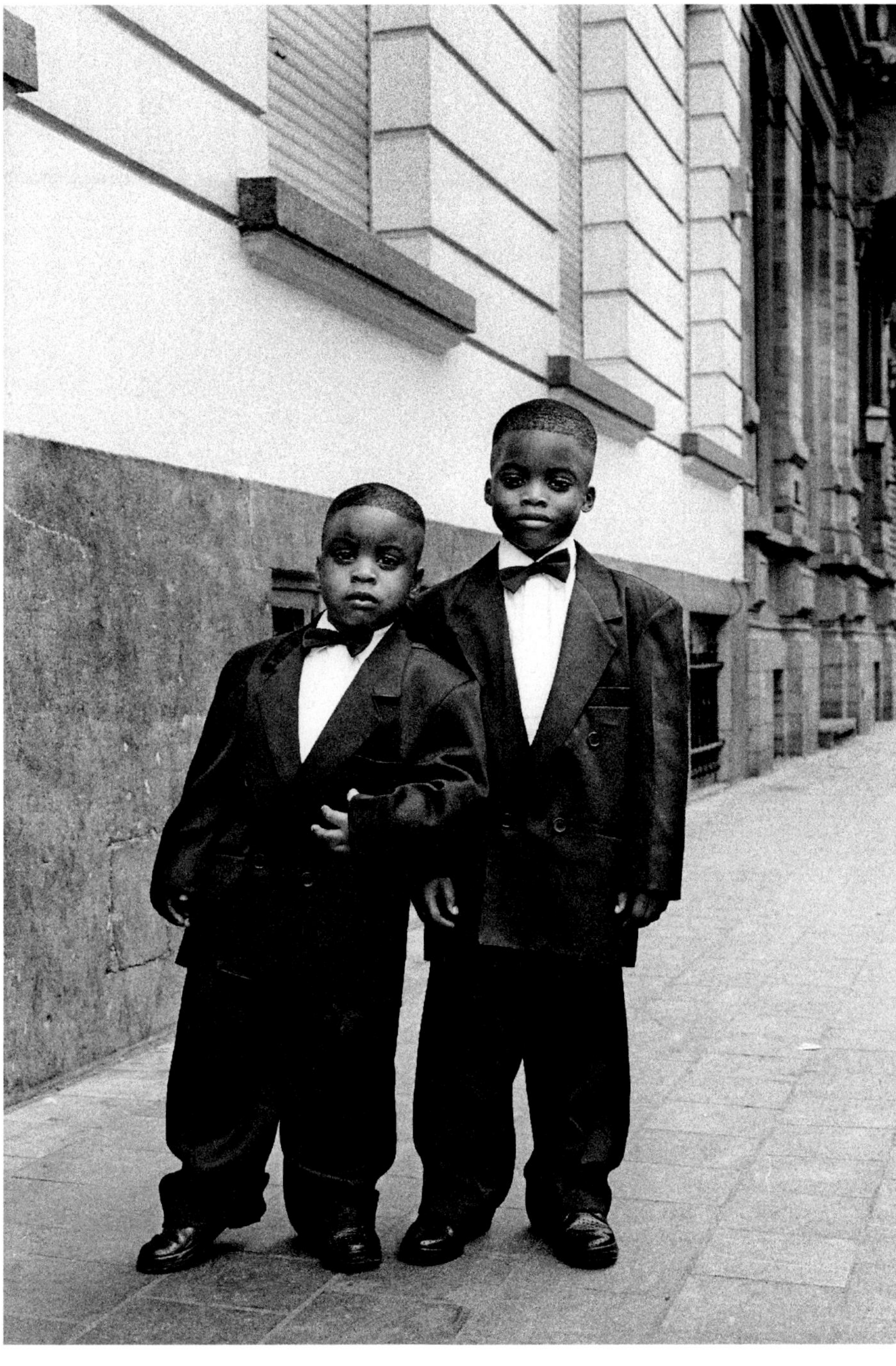

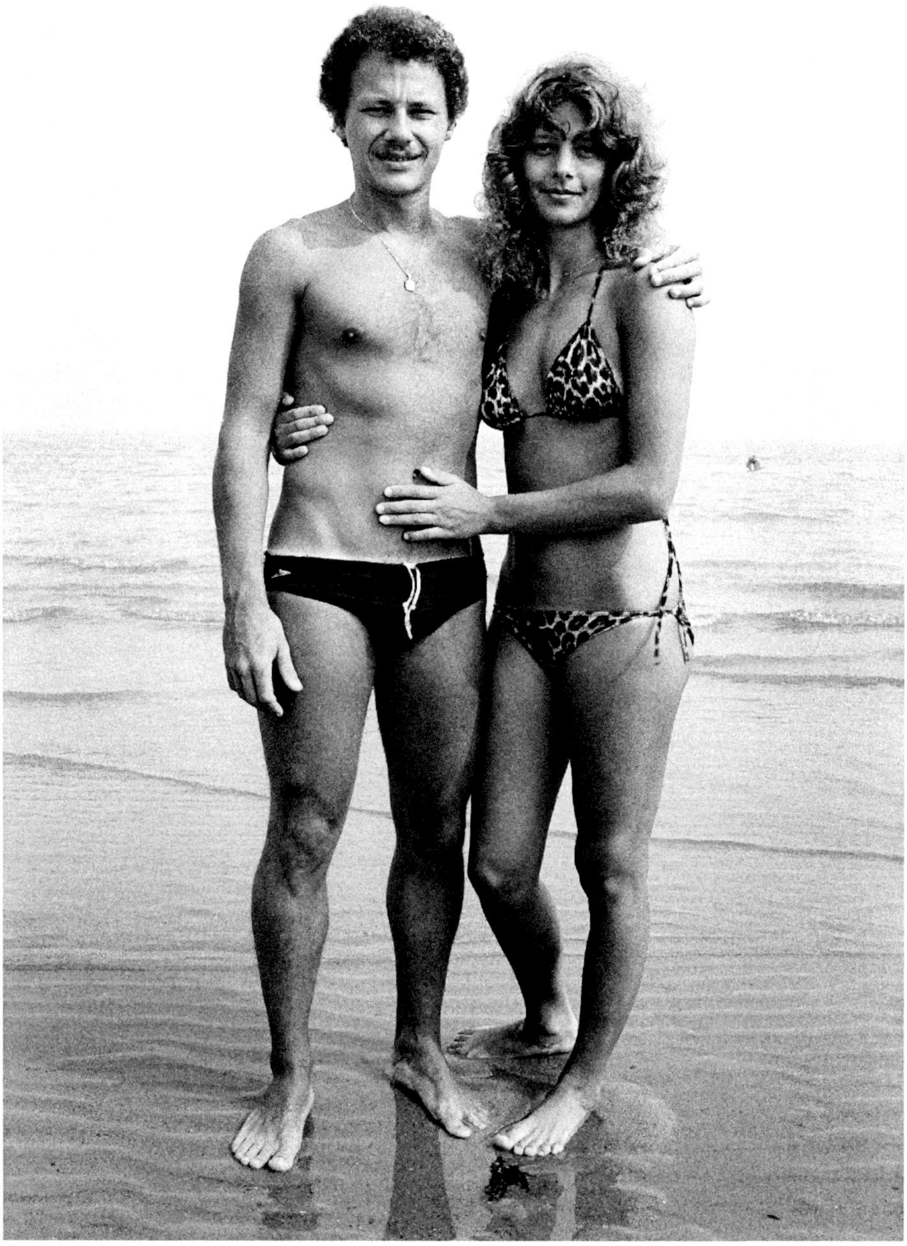

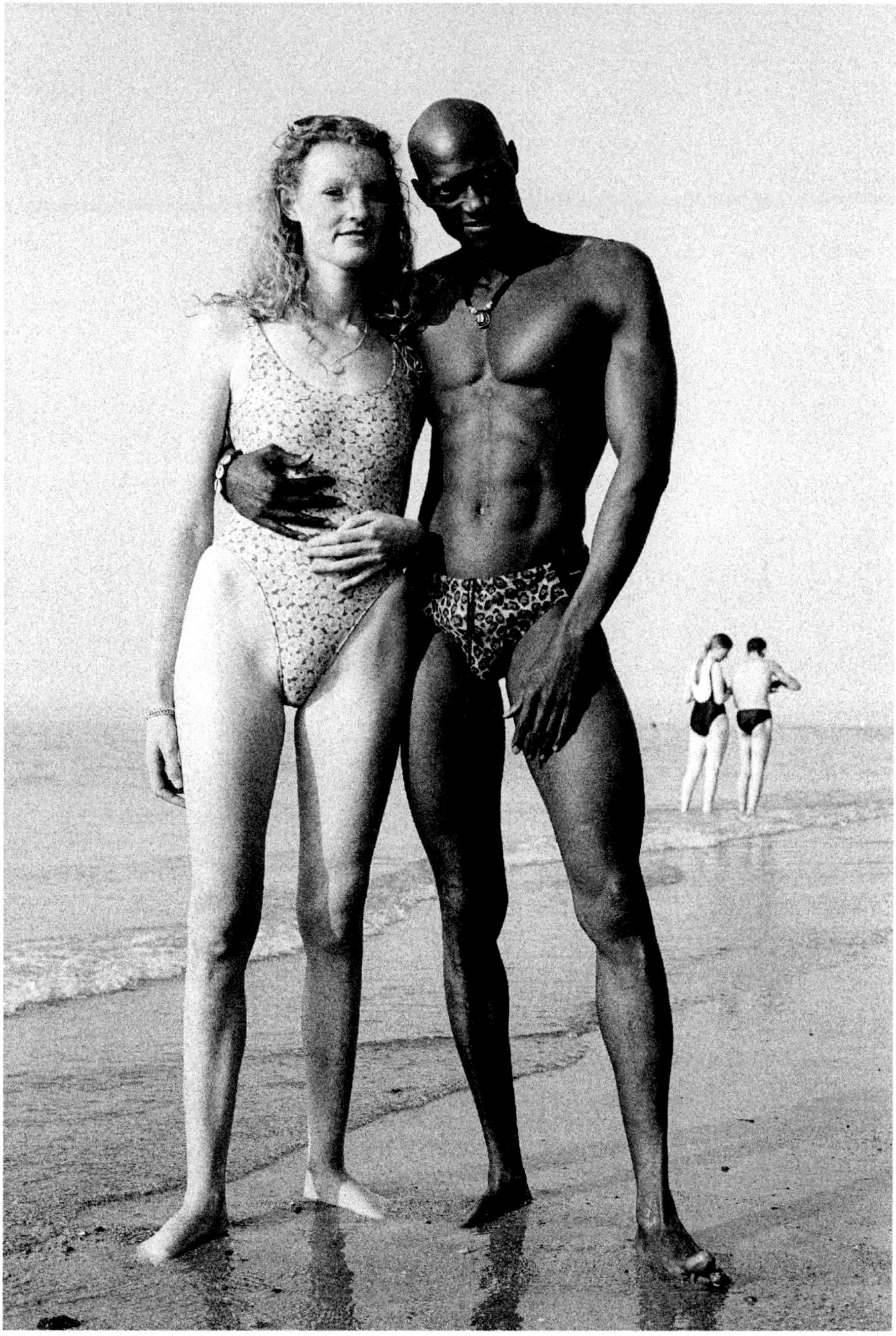

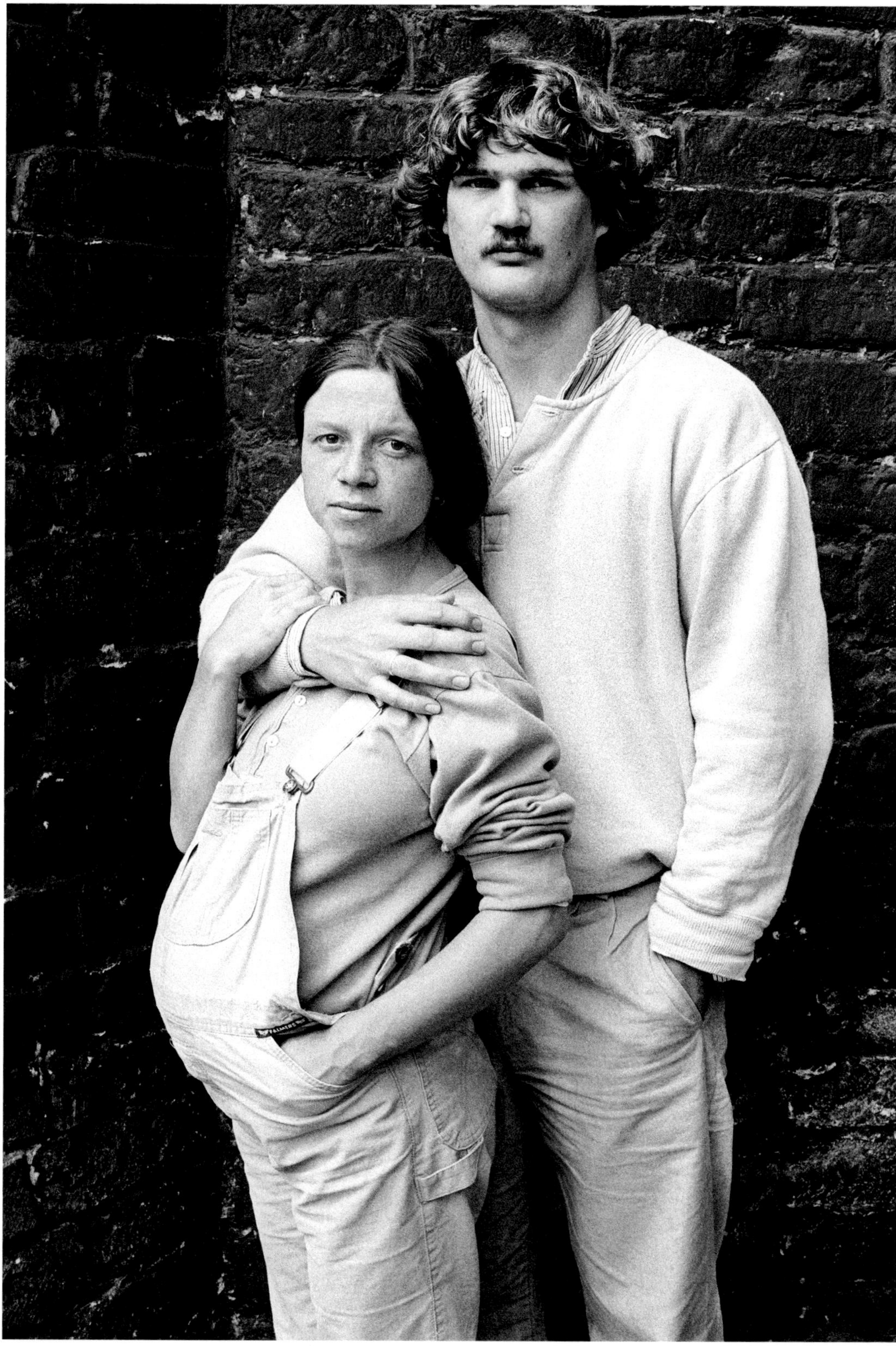

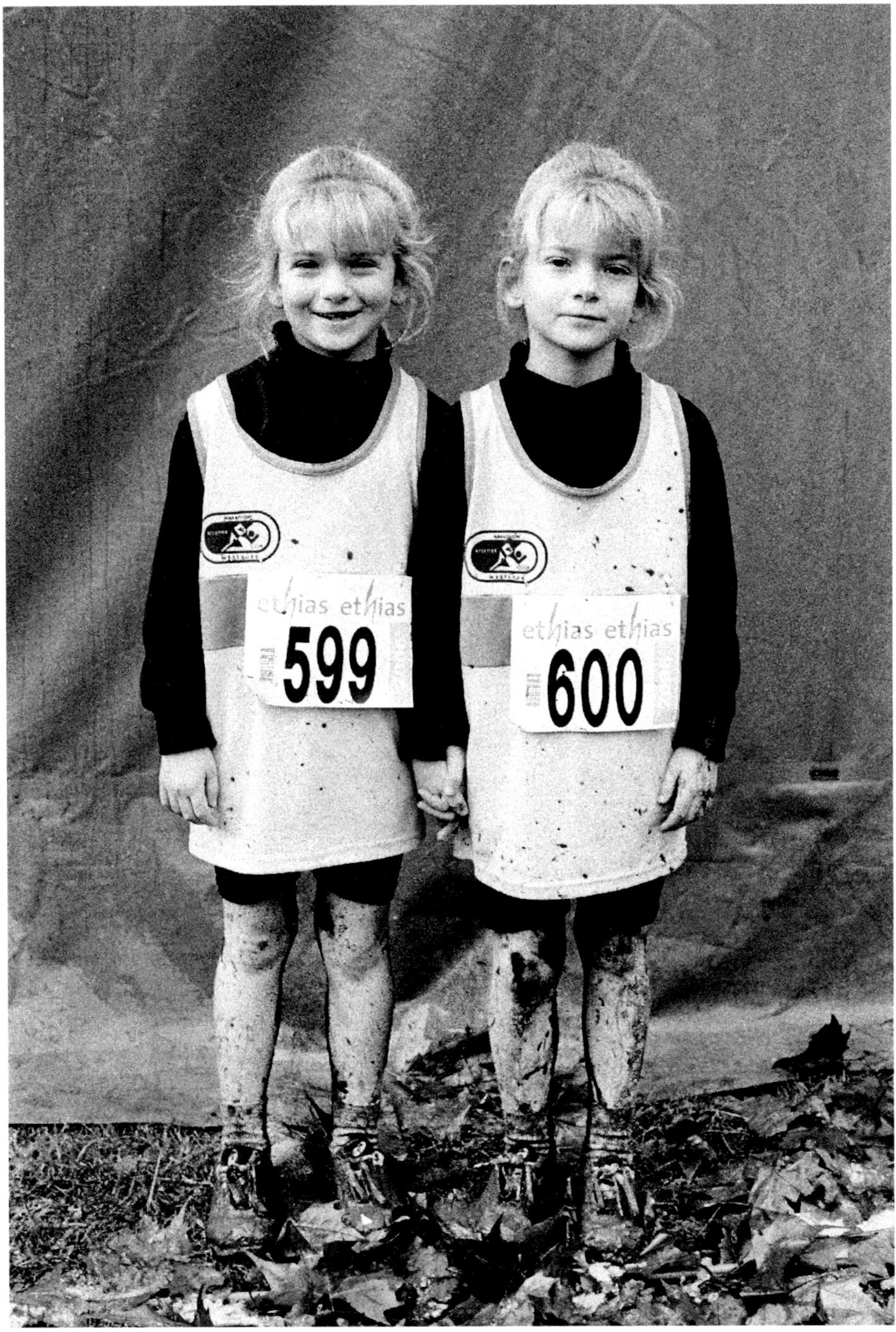
ethias ethias
599
ethias ethias
600

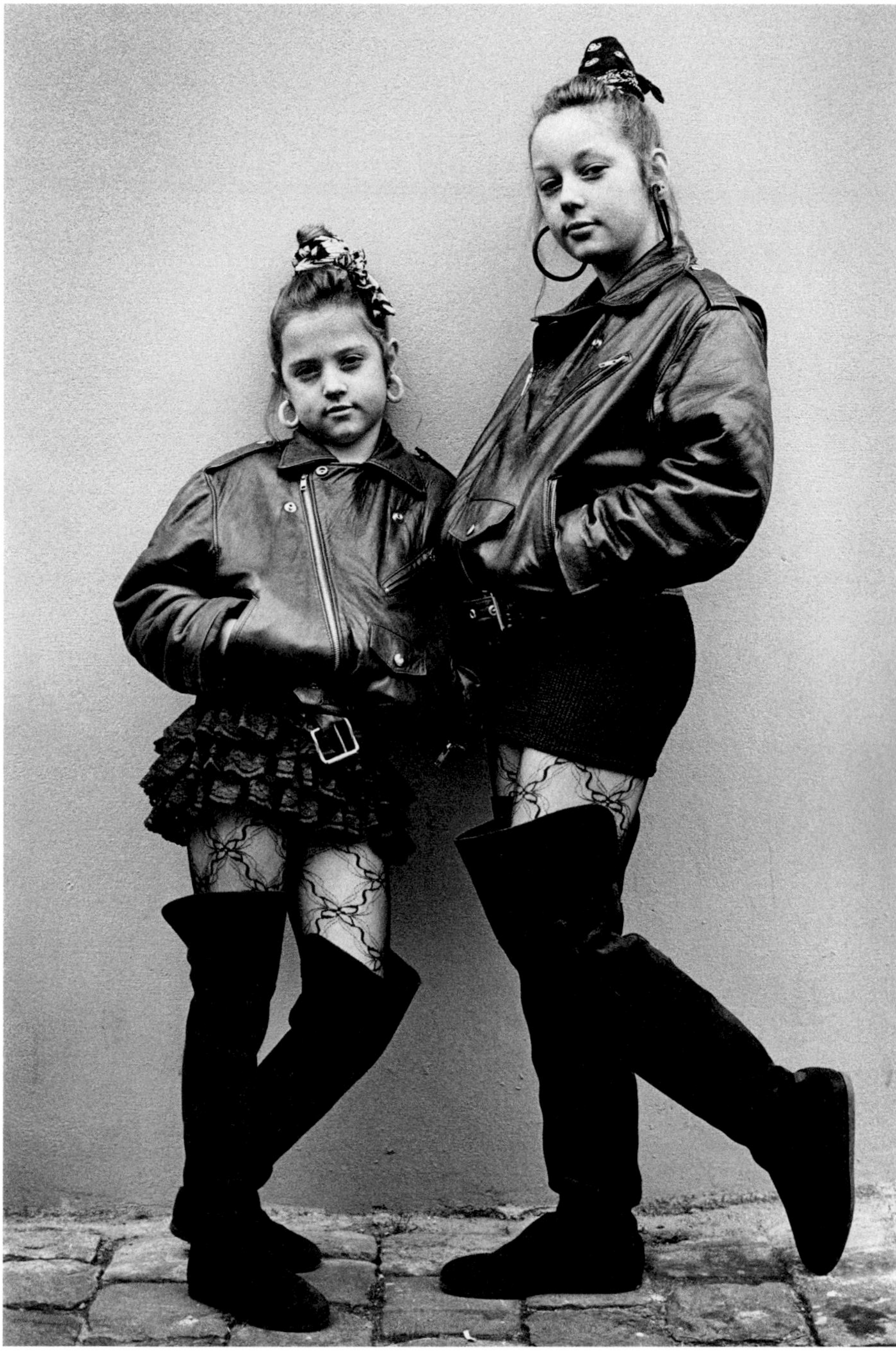

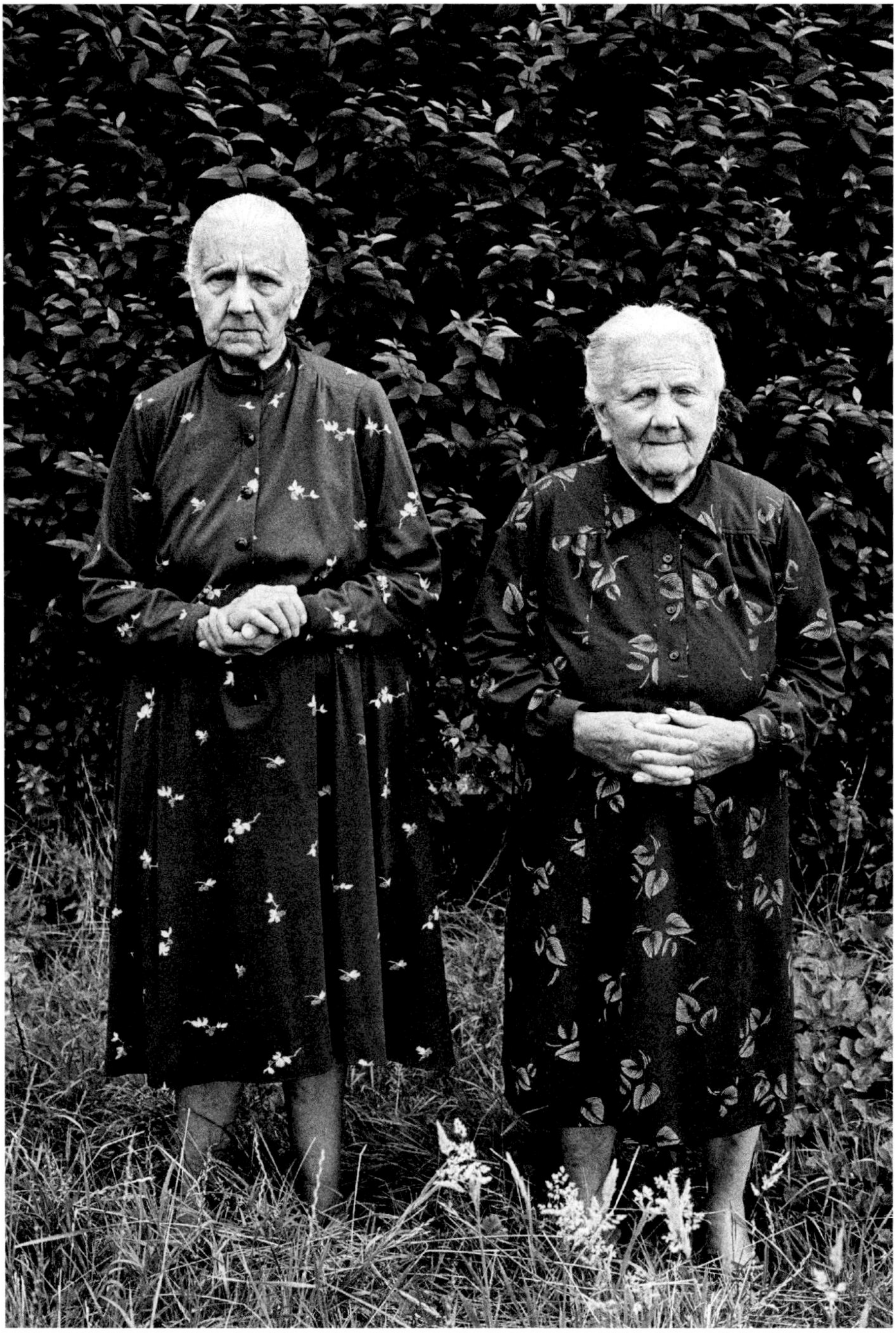

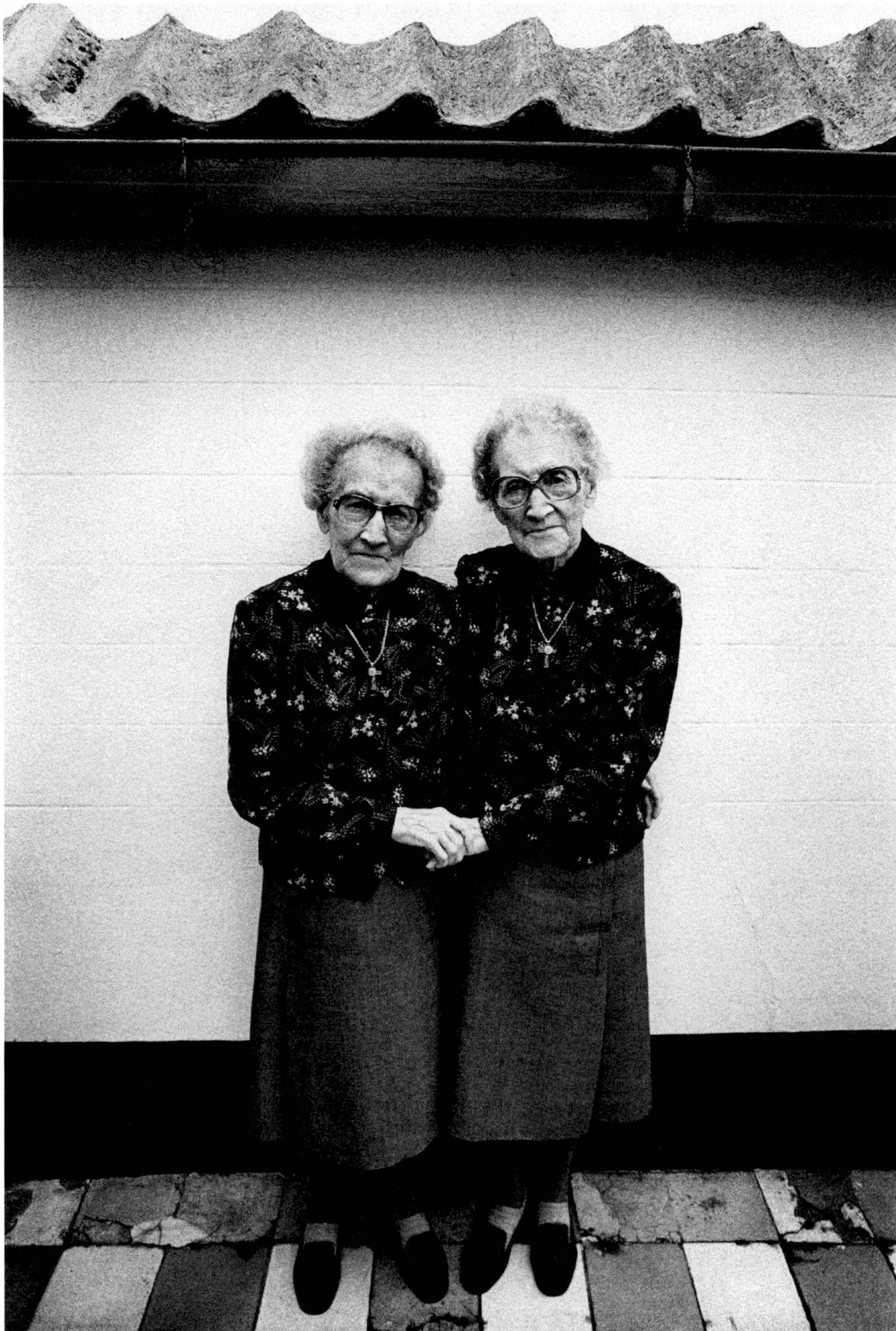

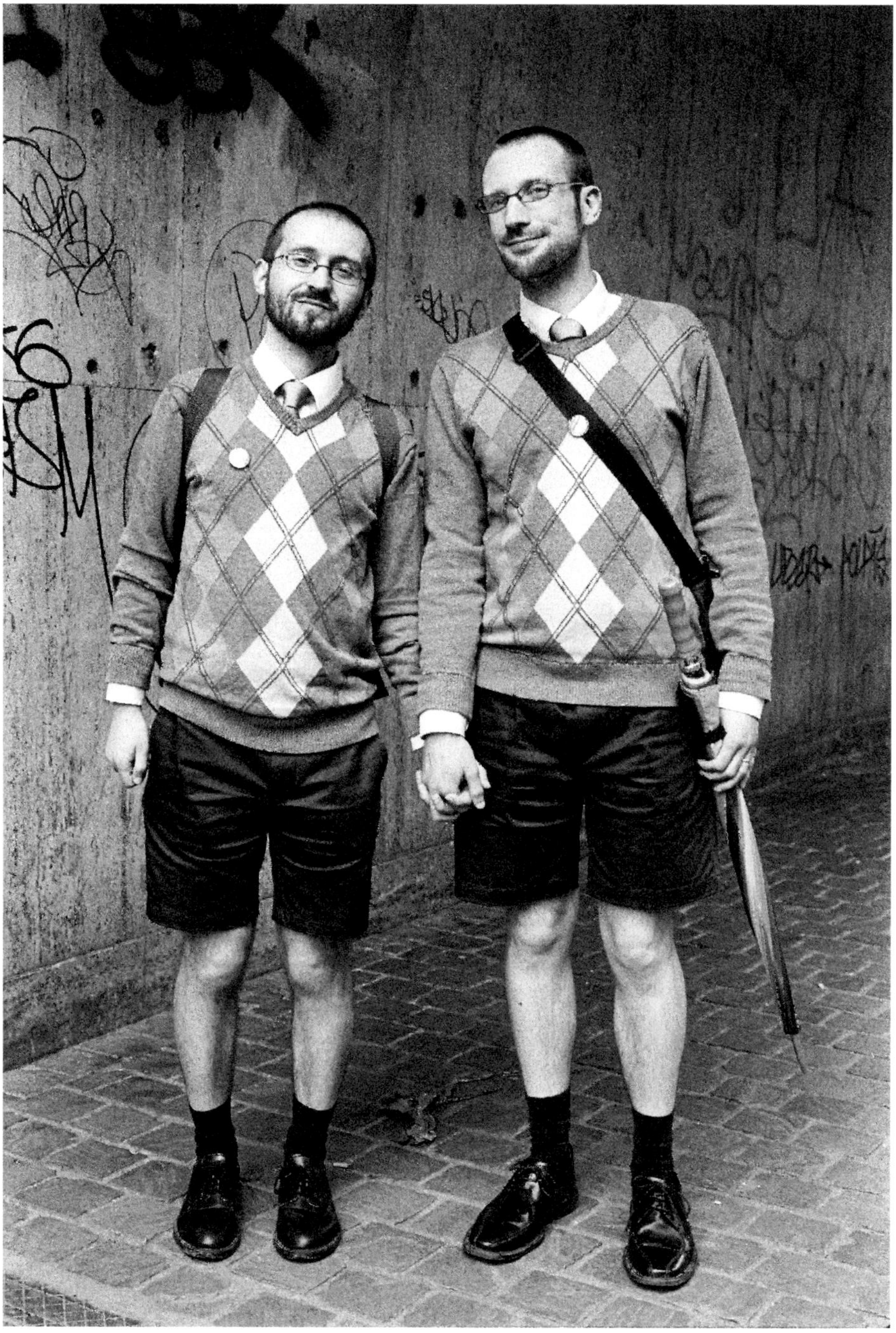

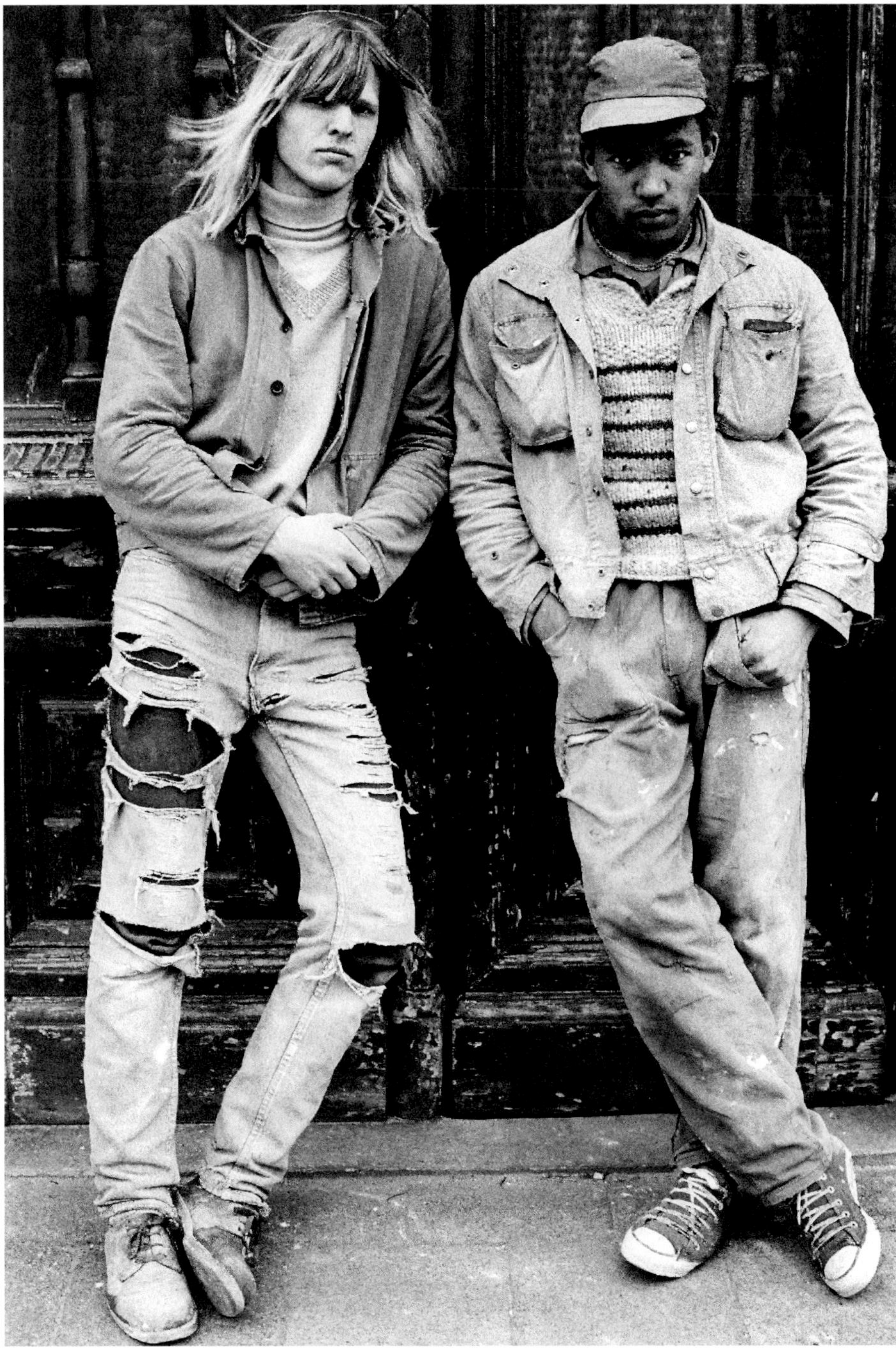

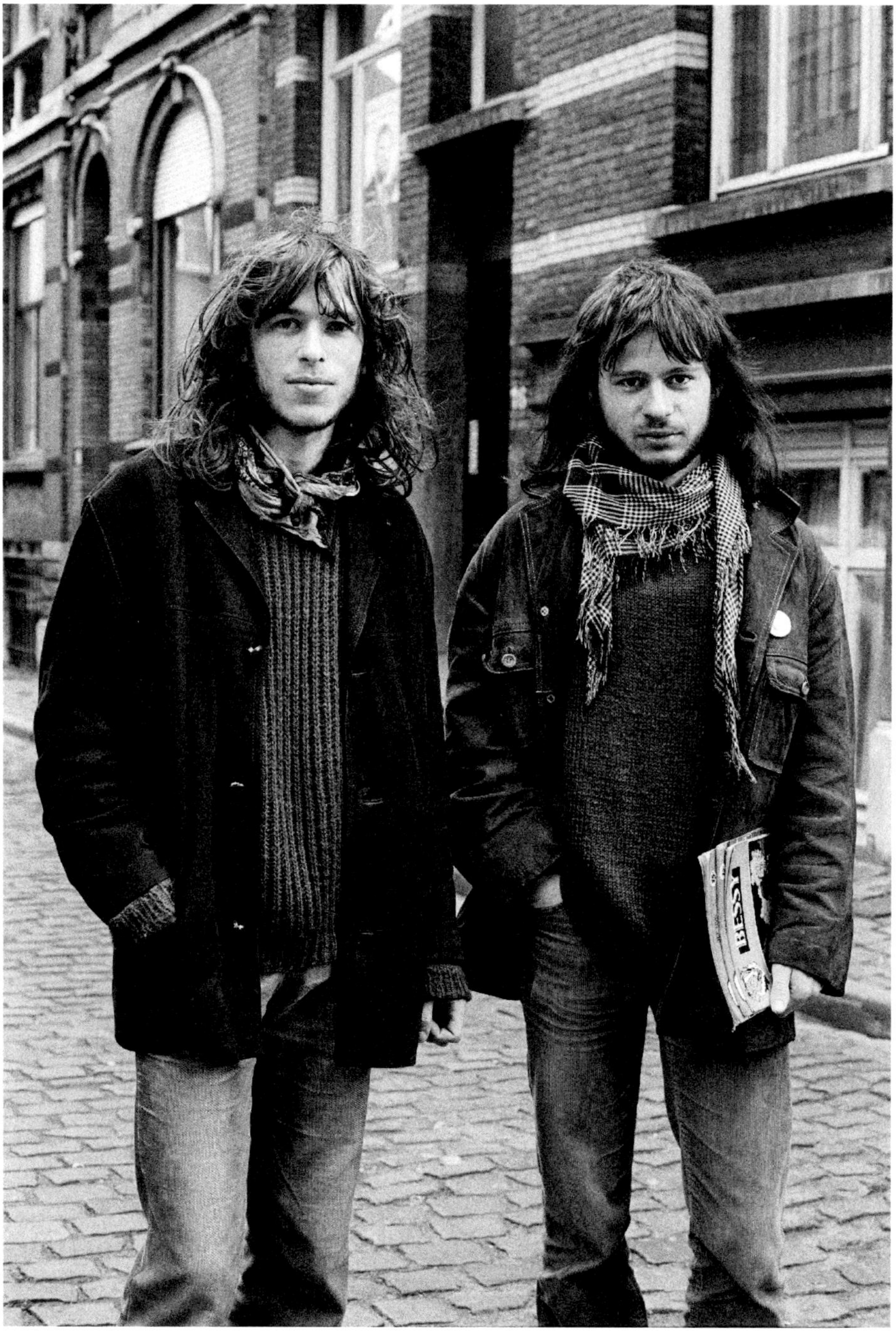

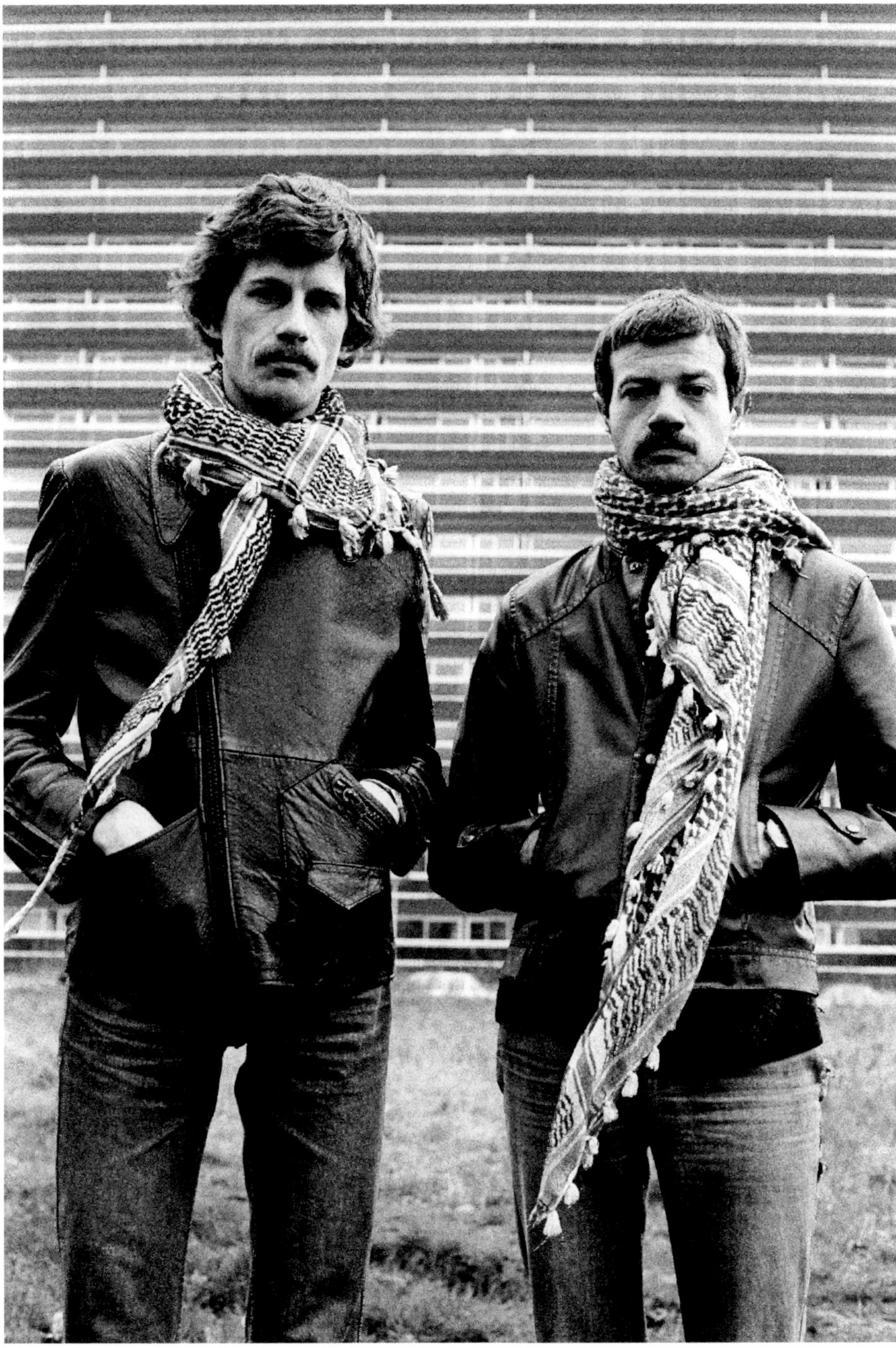

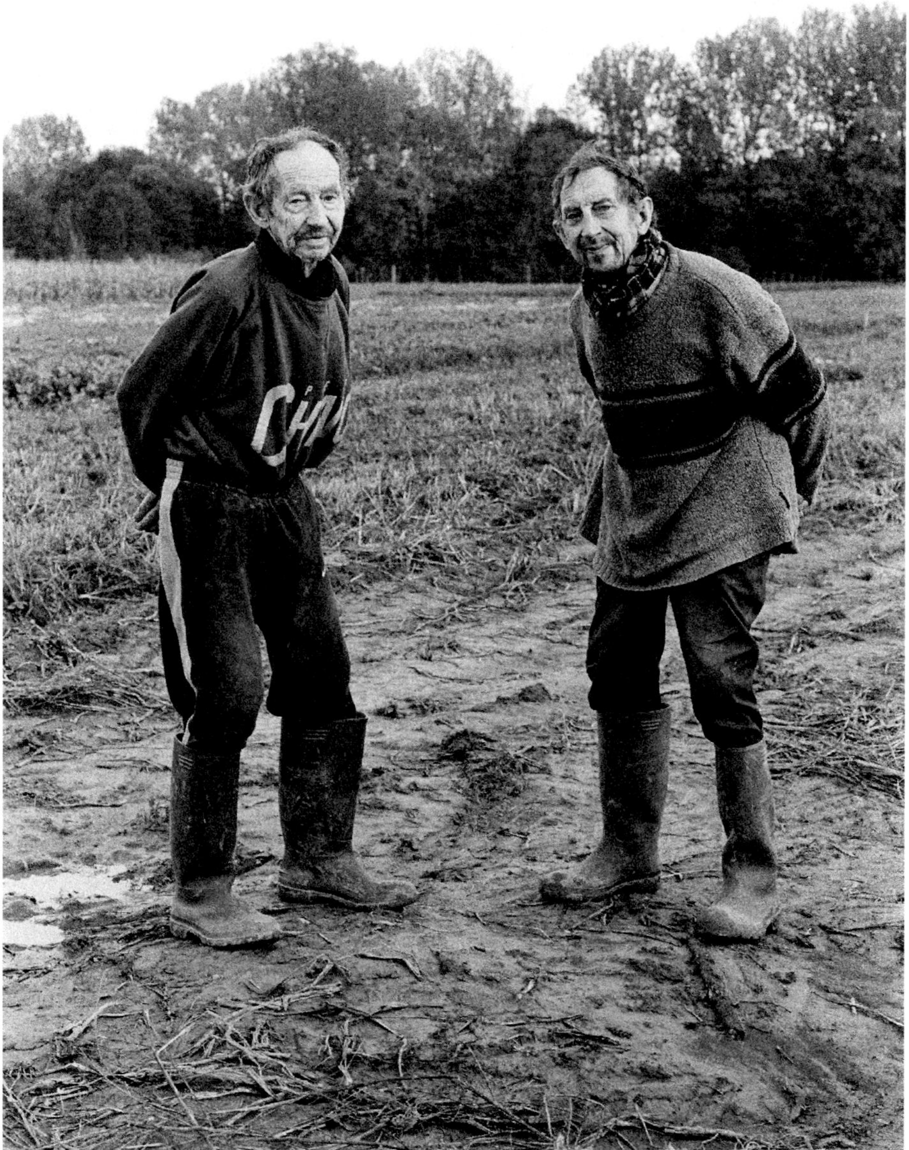

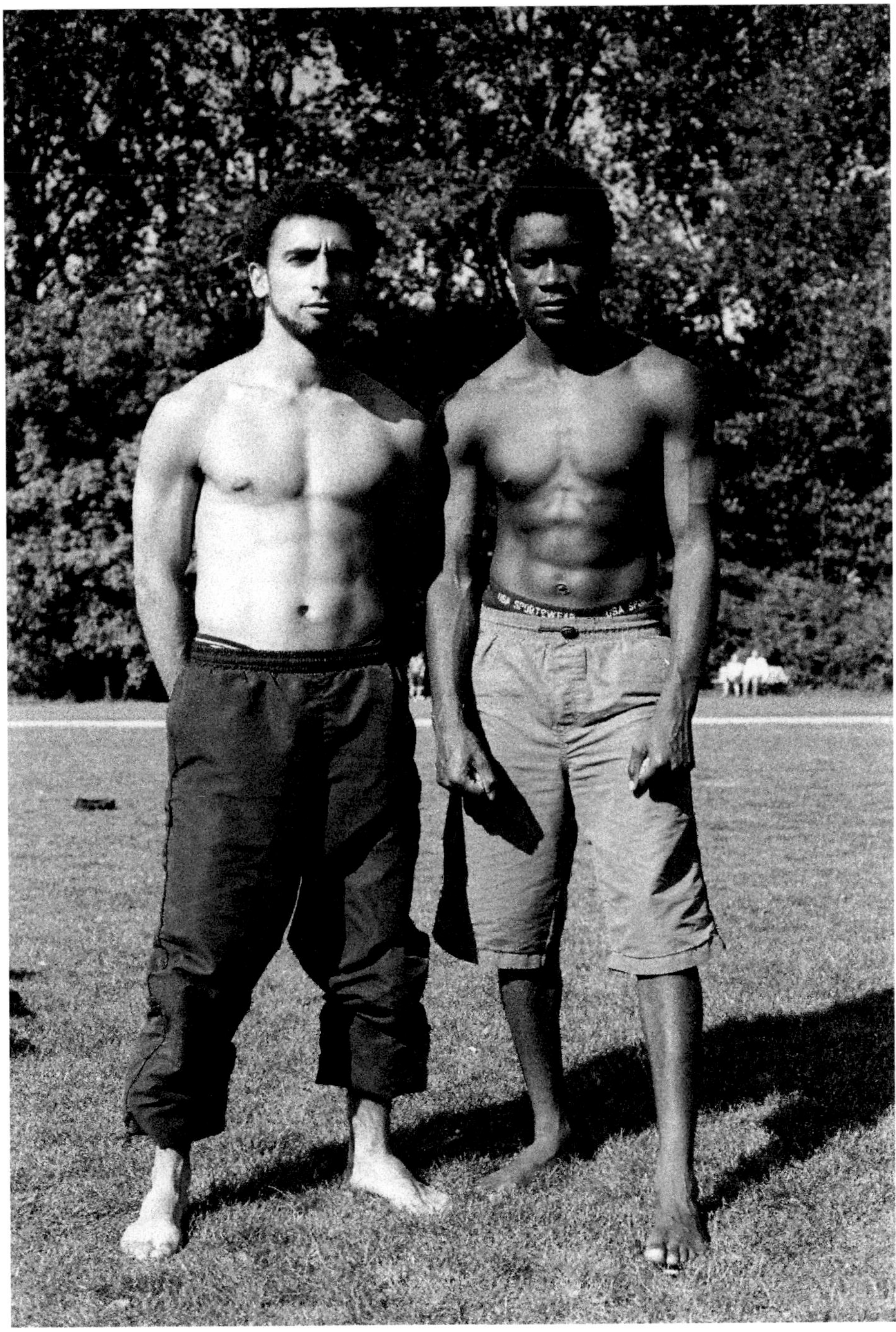

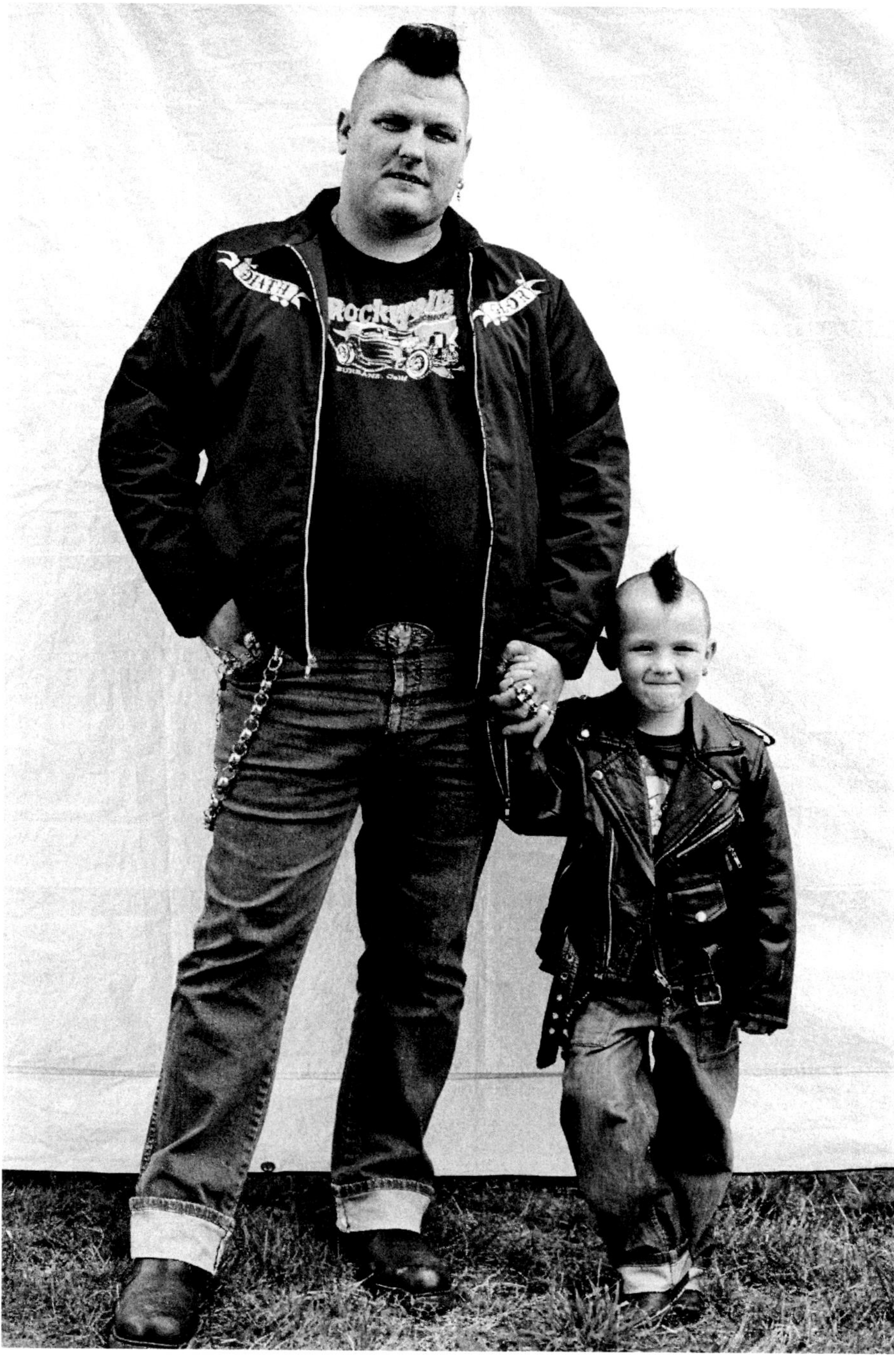

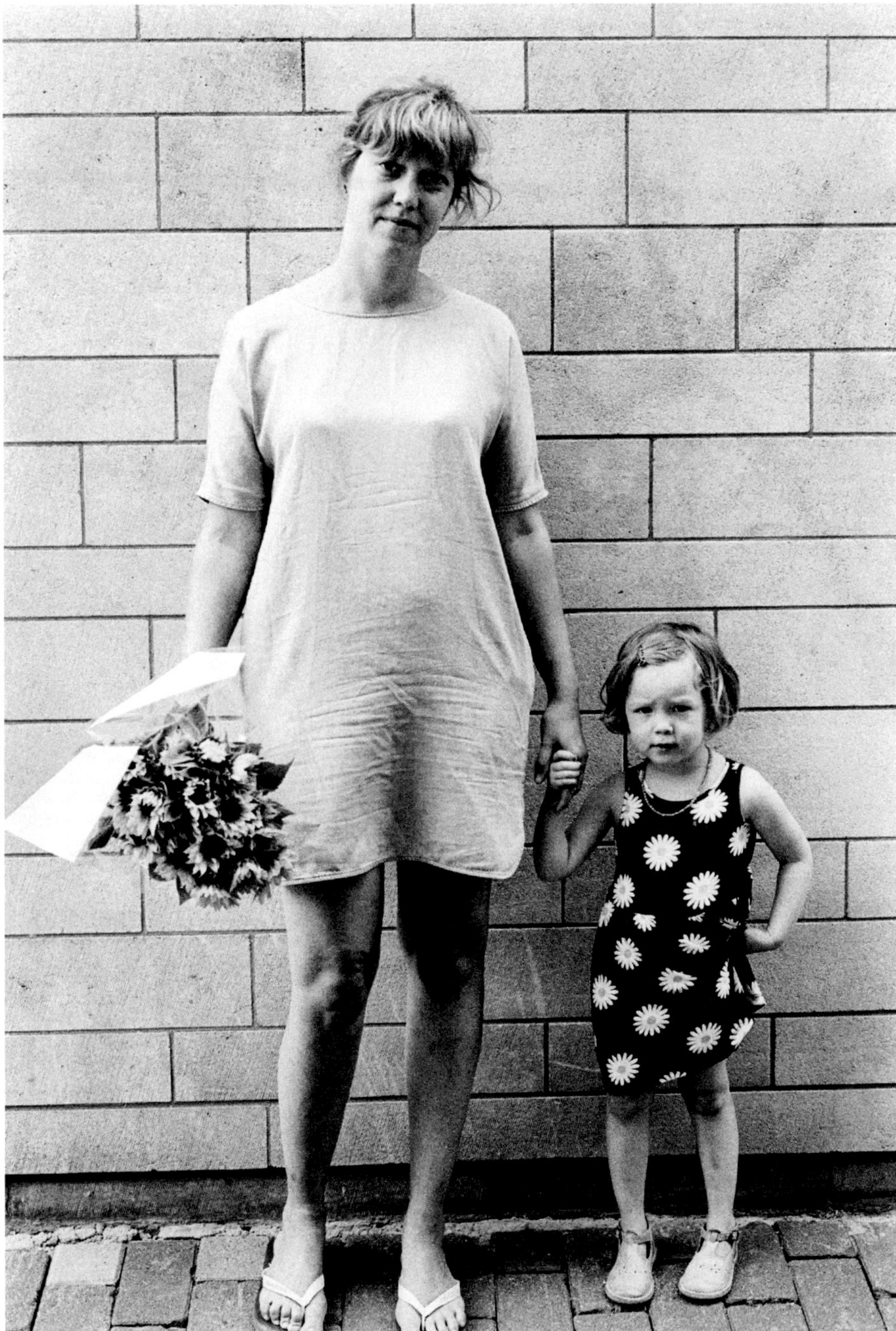

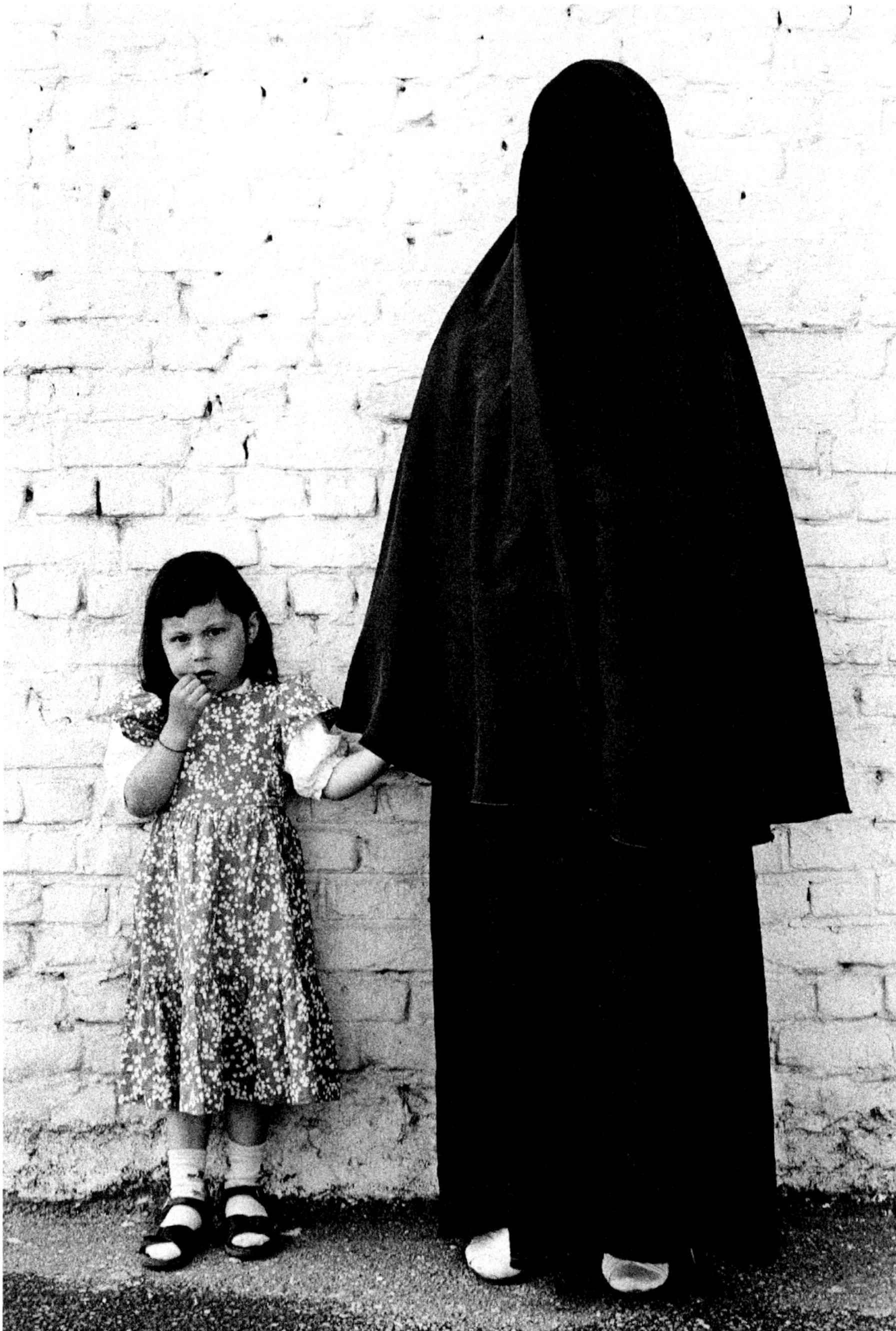

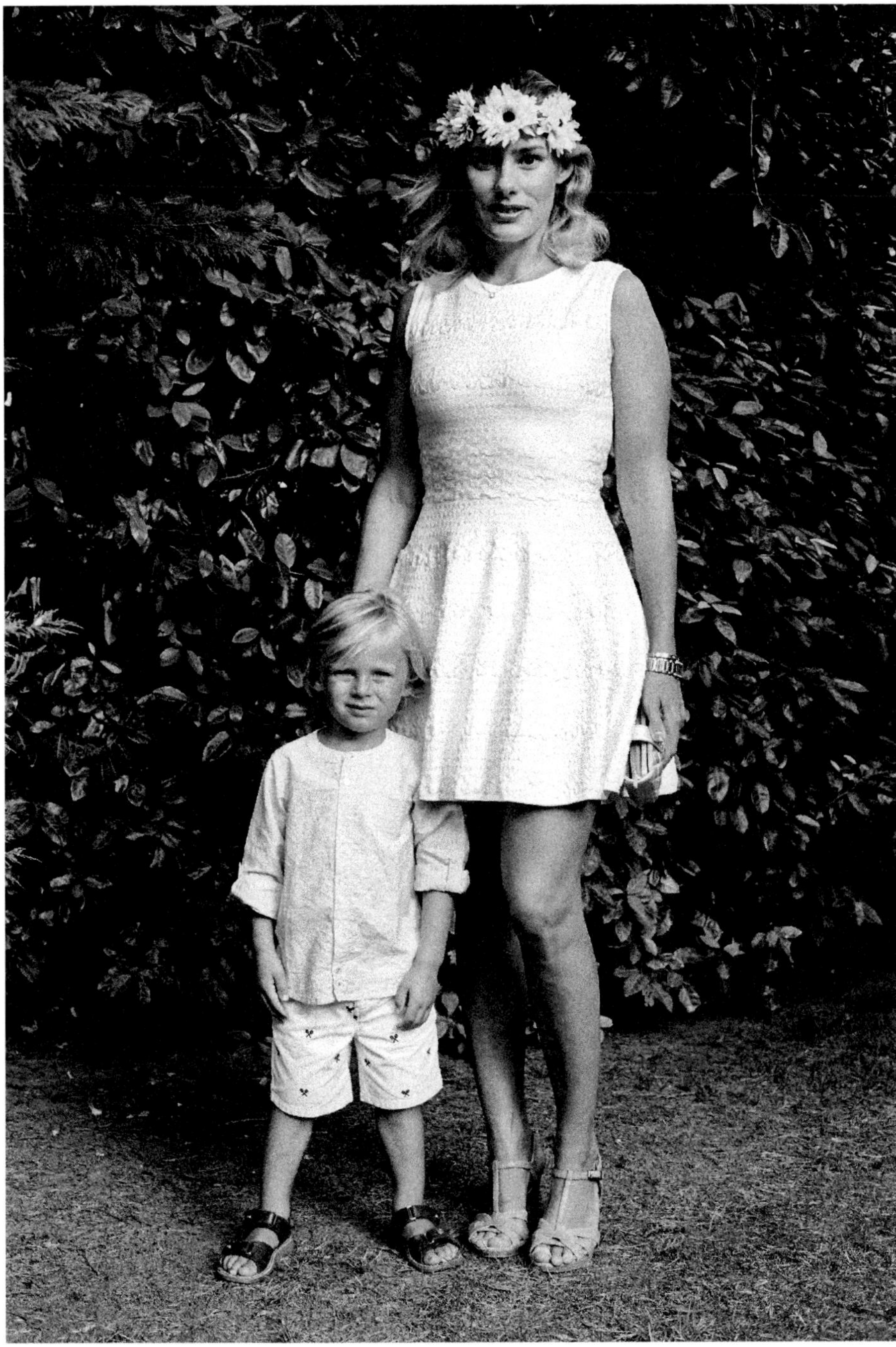

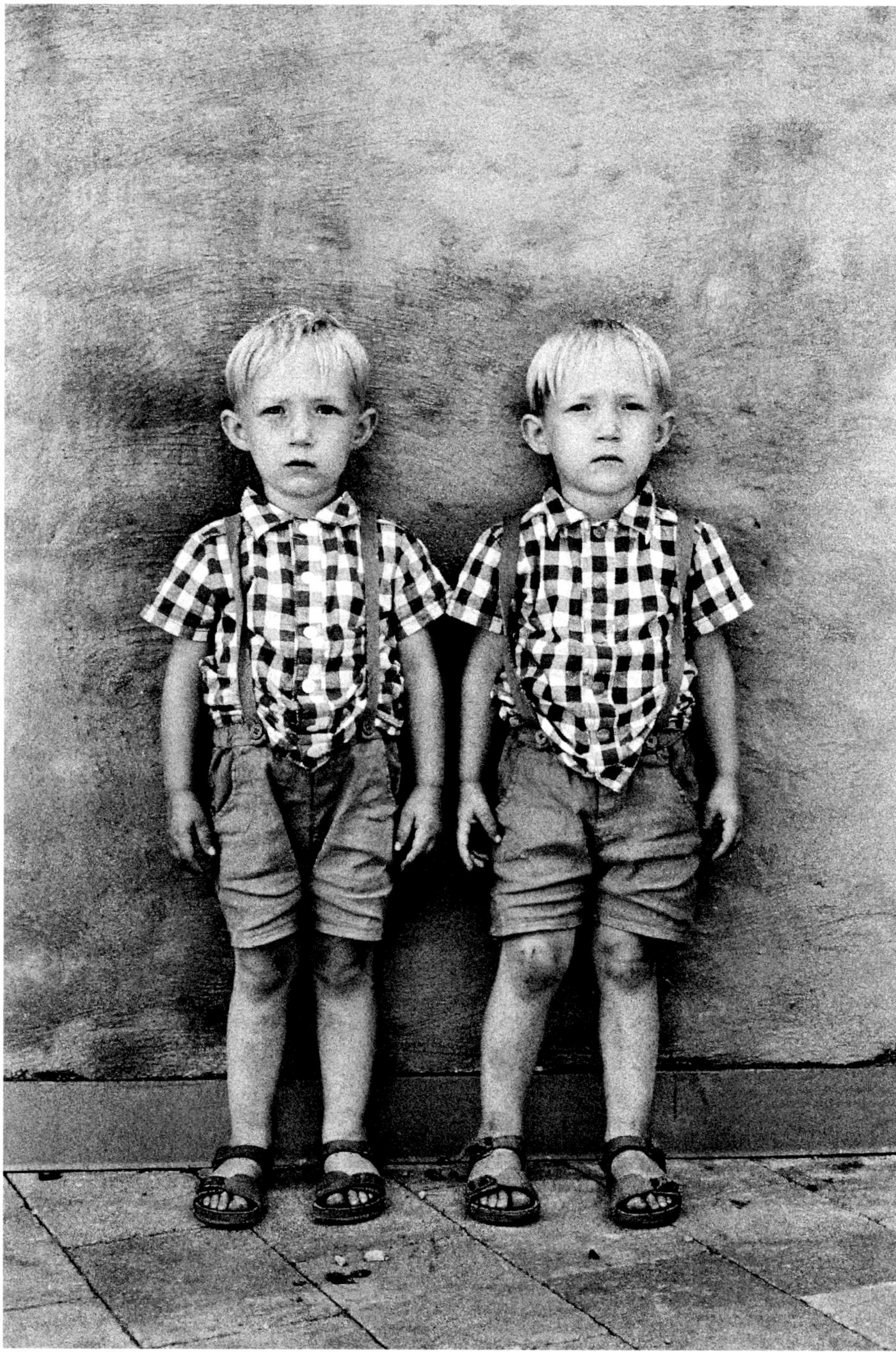

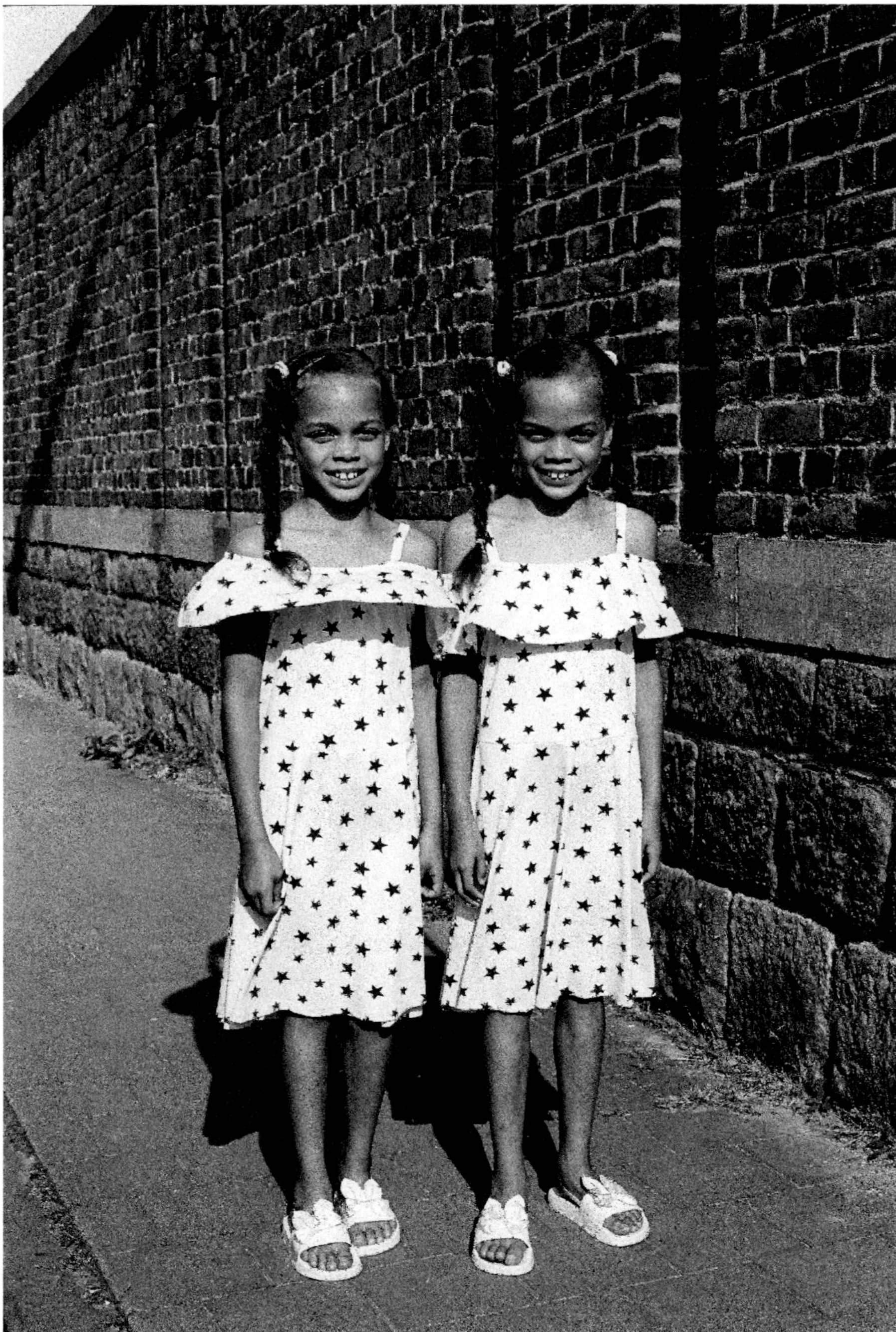

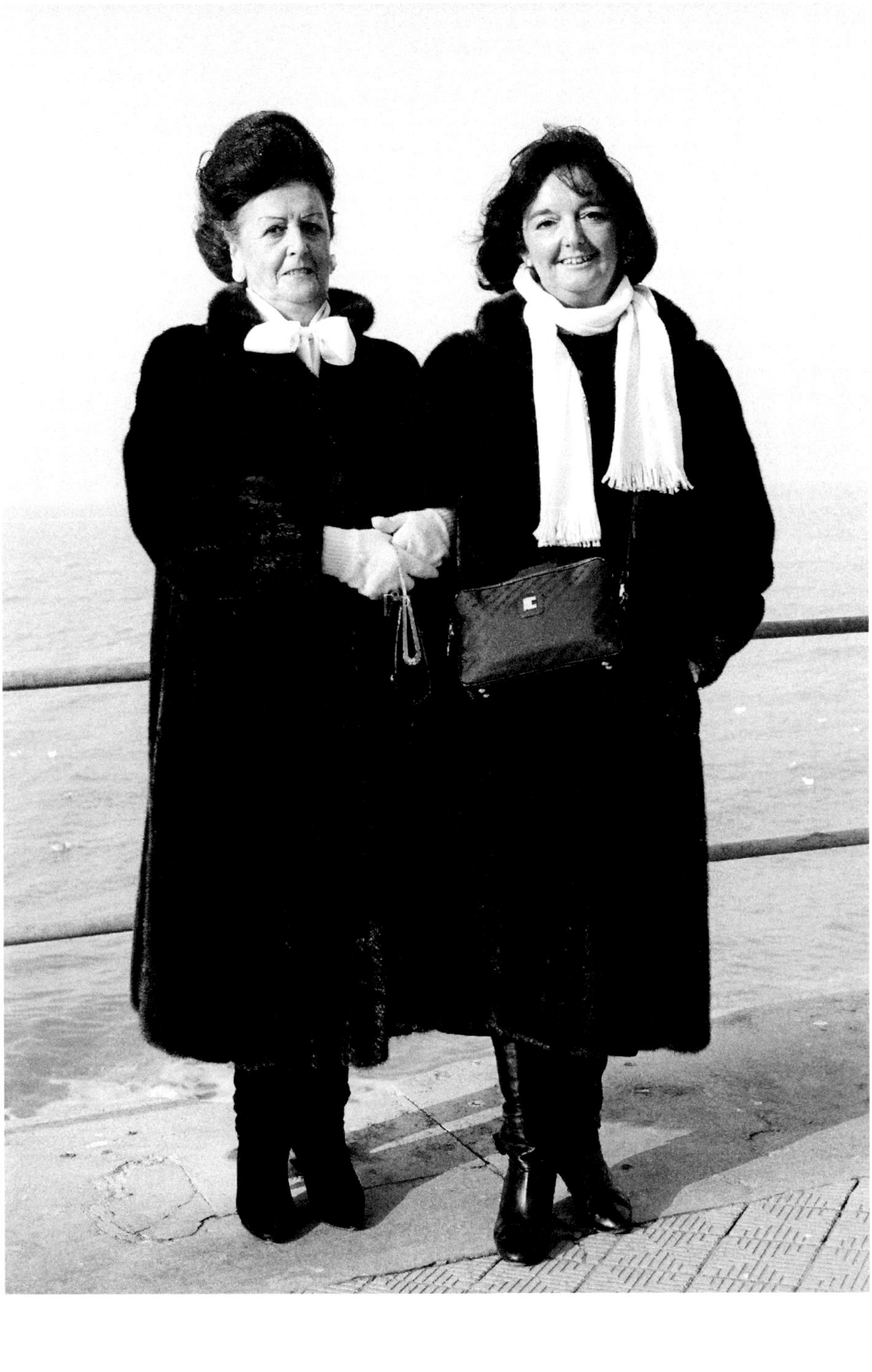

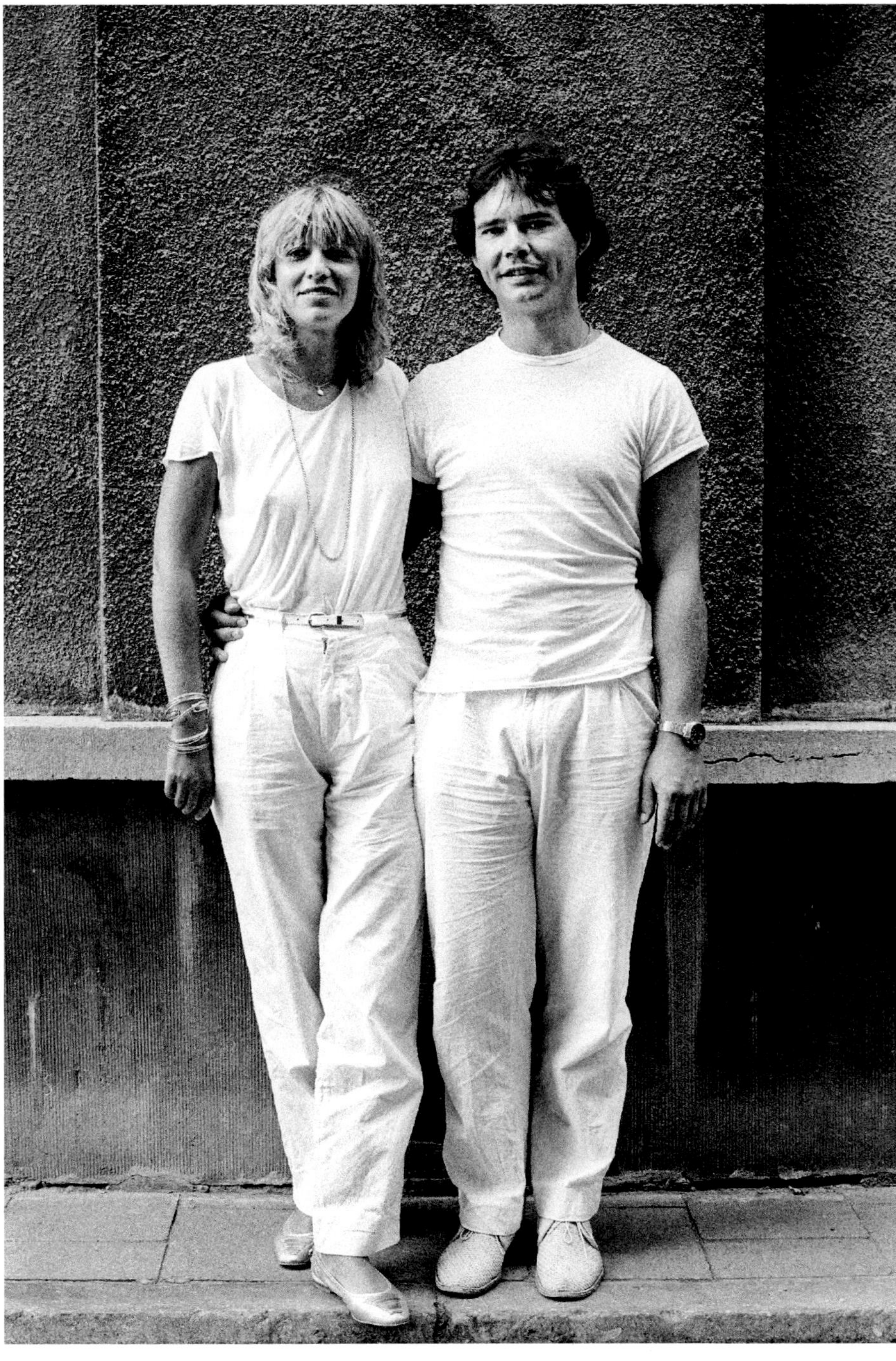

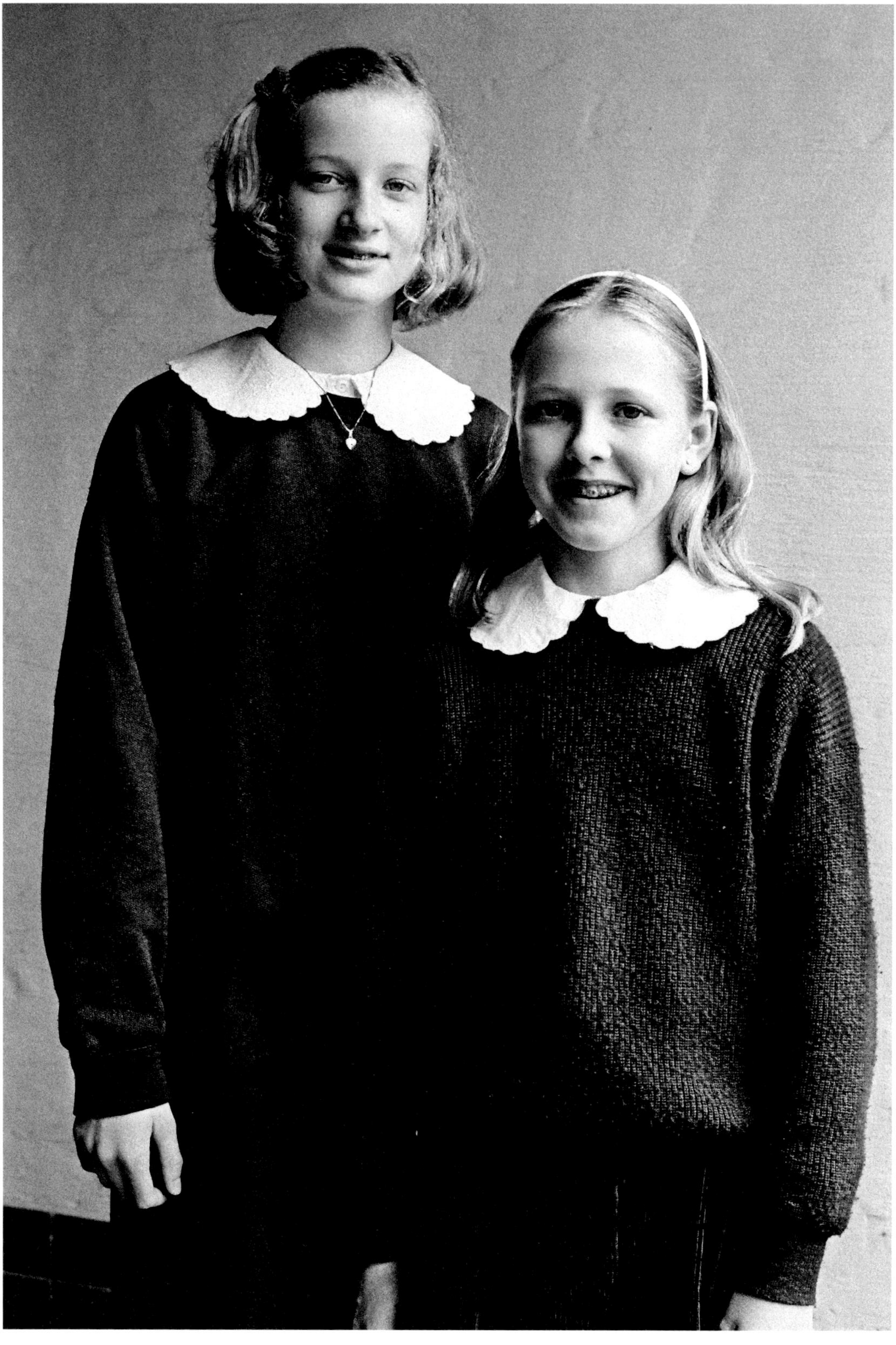

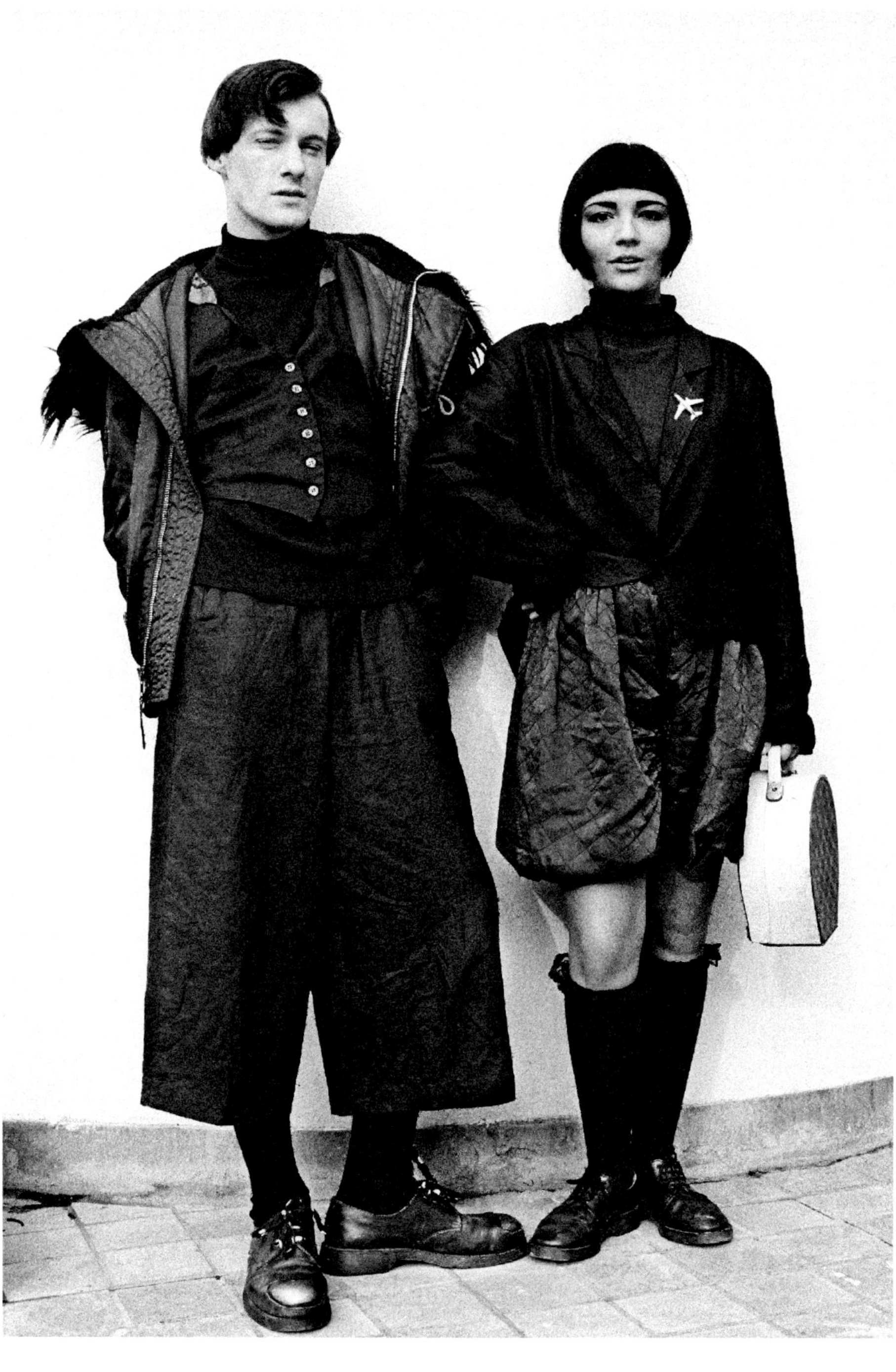

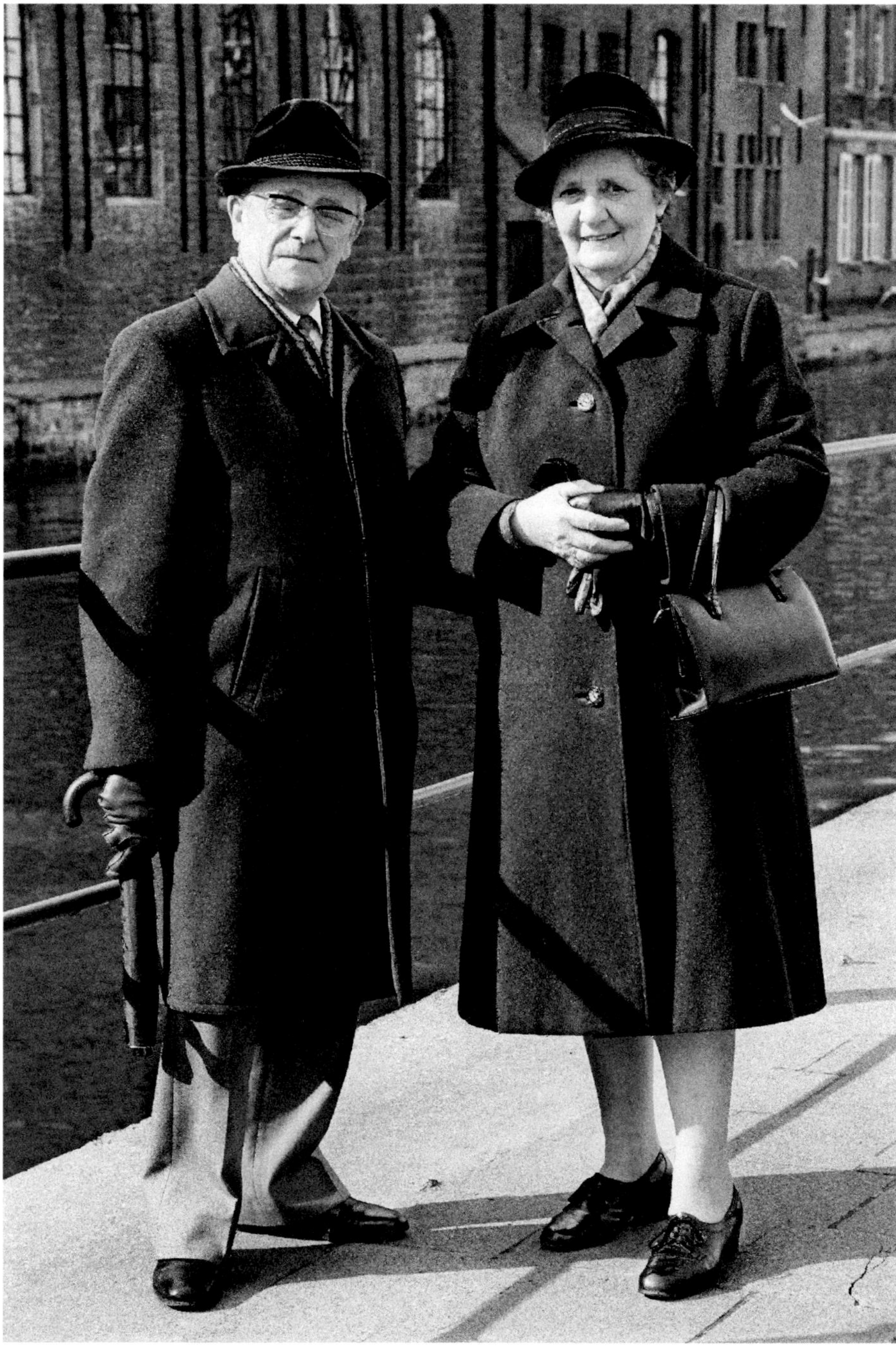

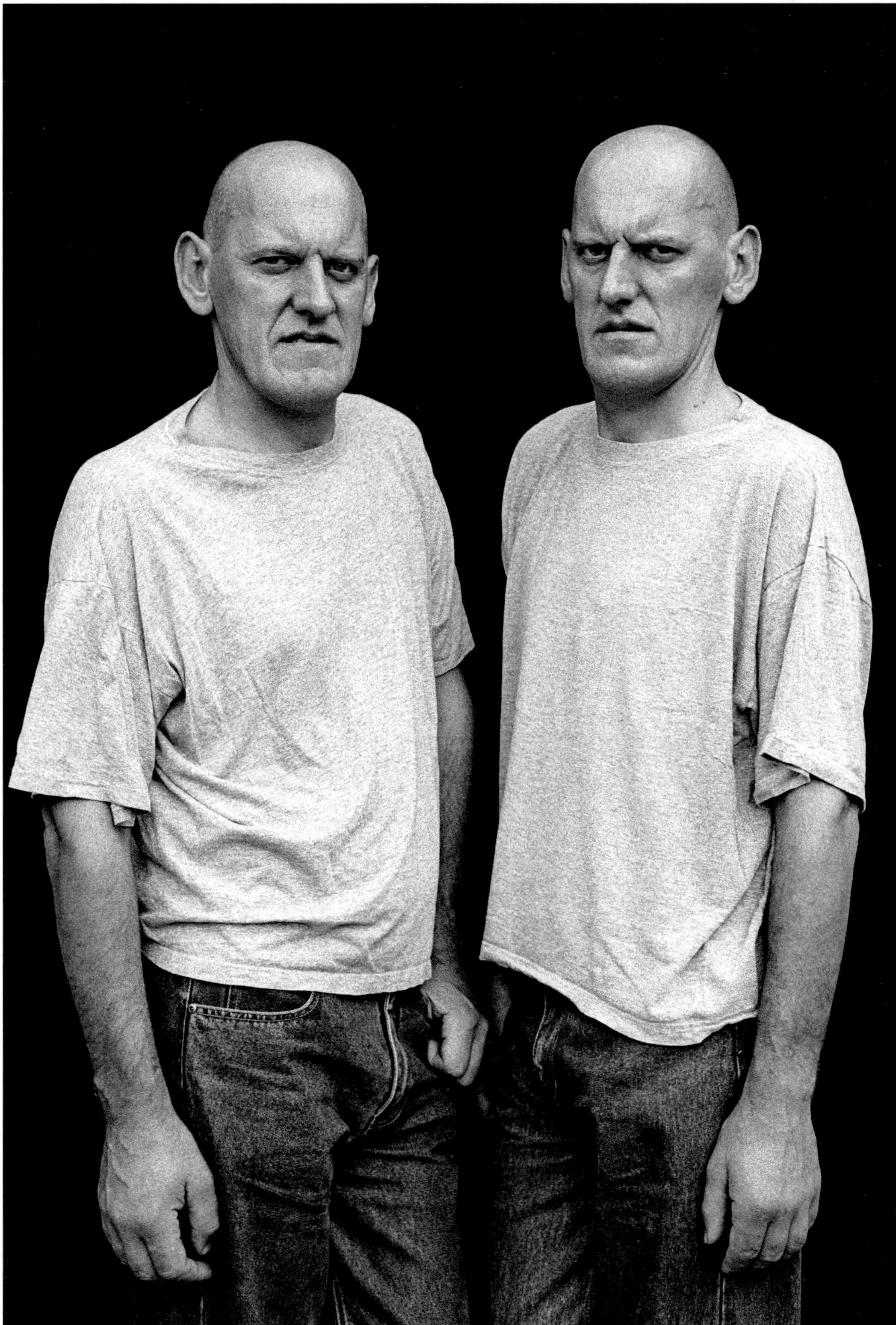

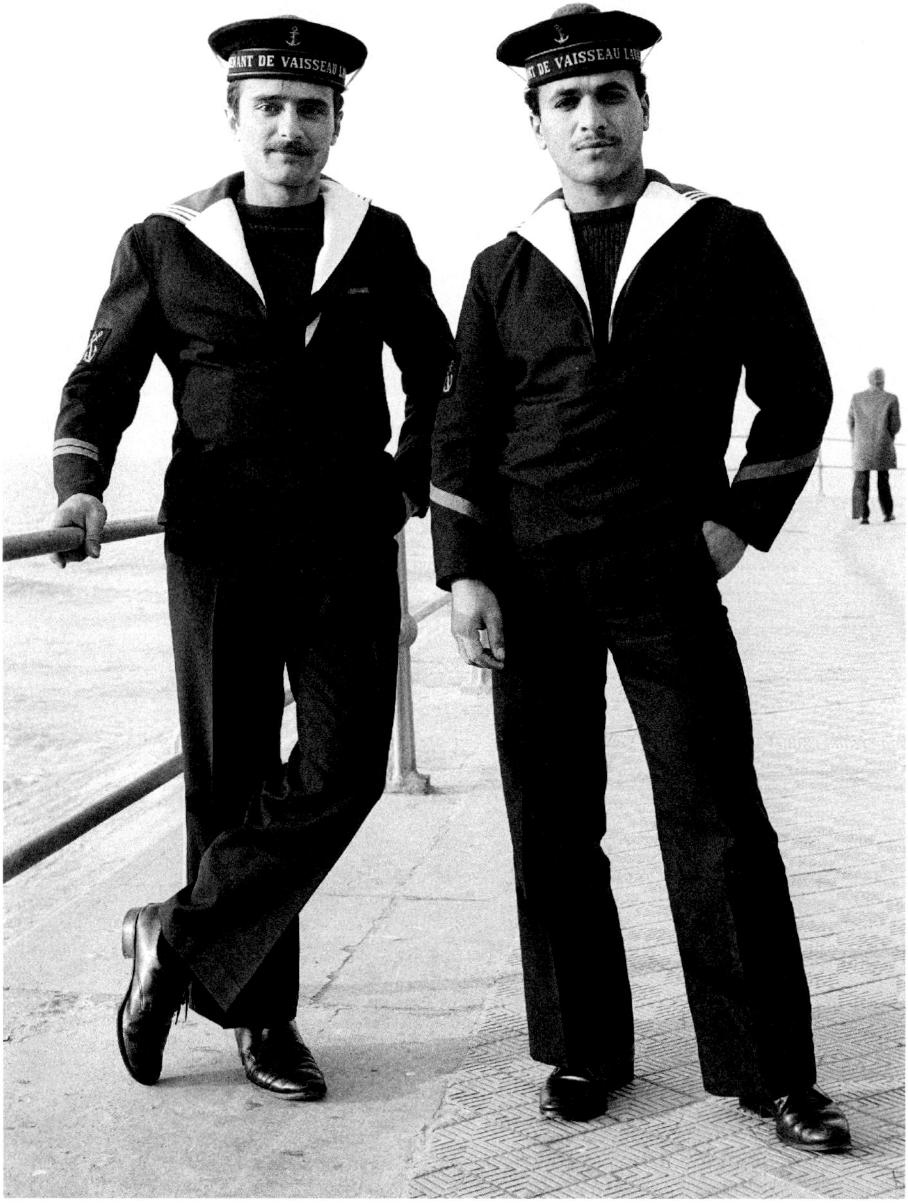
DE VAISSEAU
DE VAISSEAU

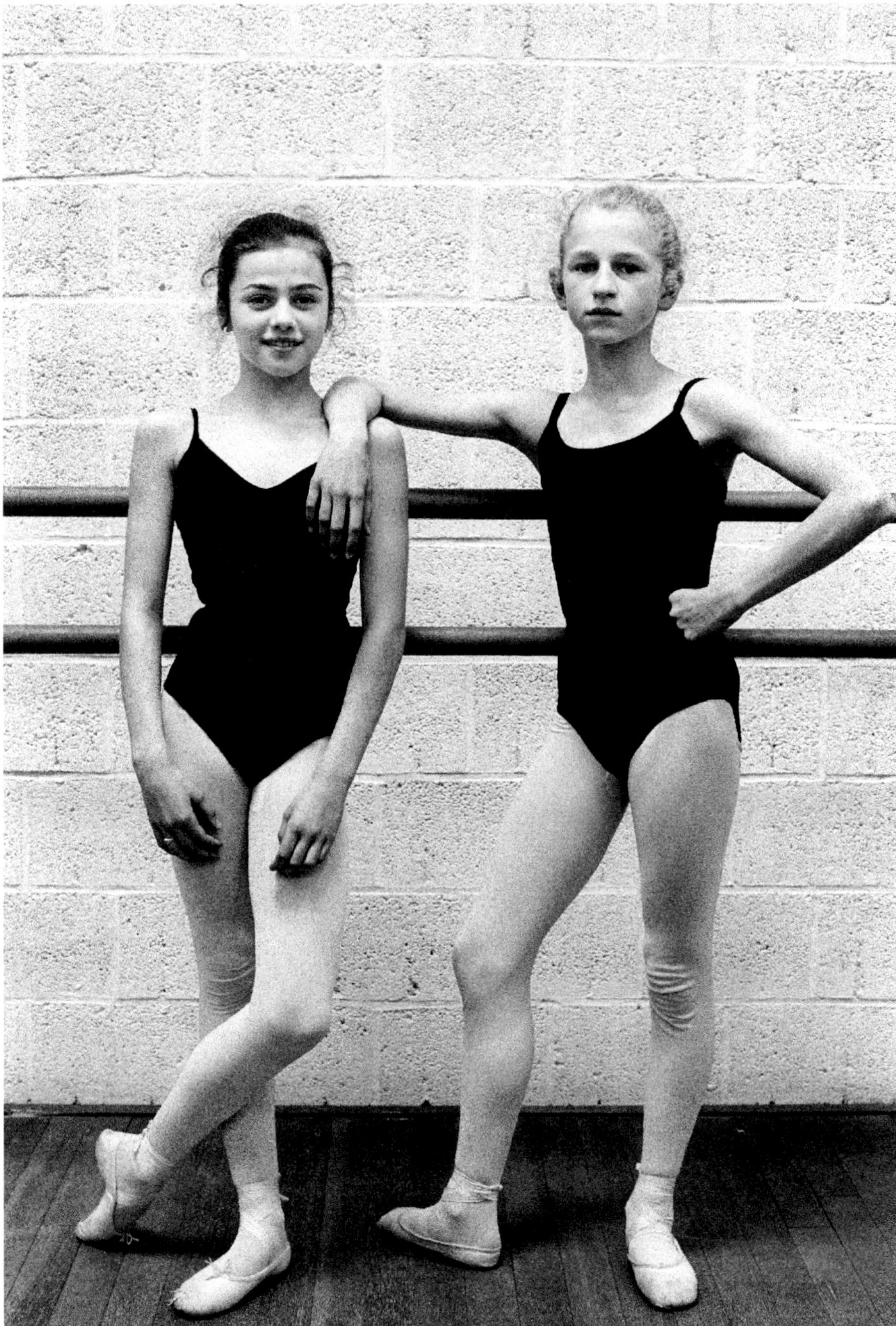

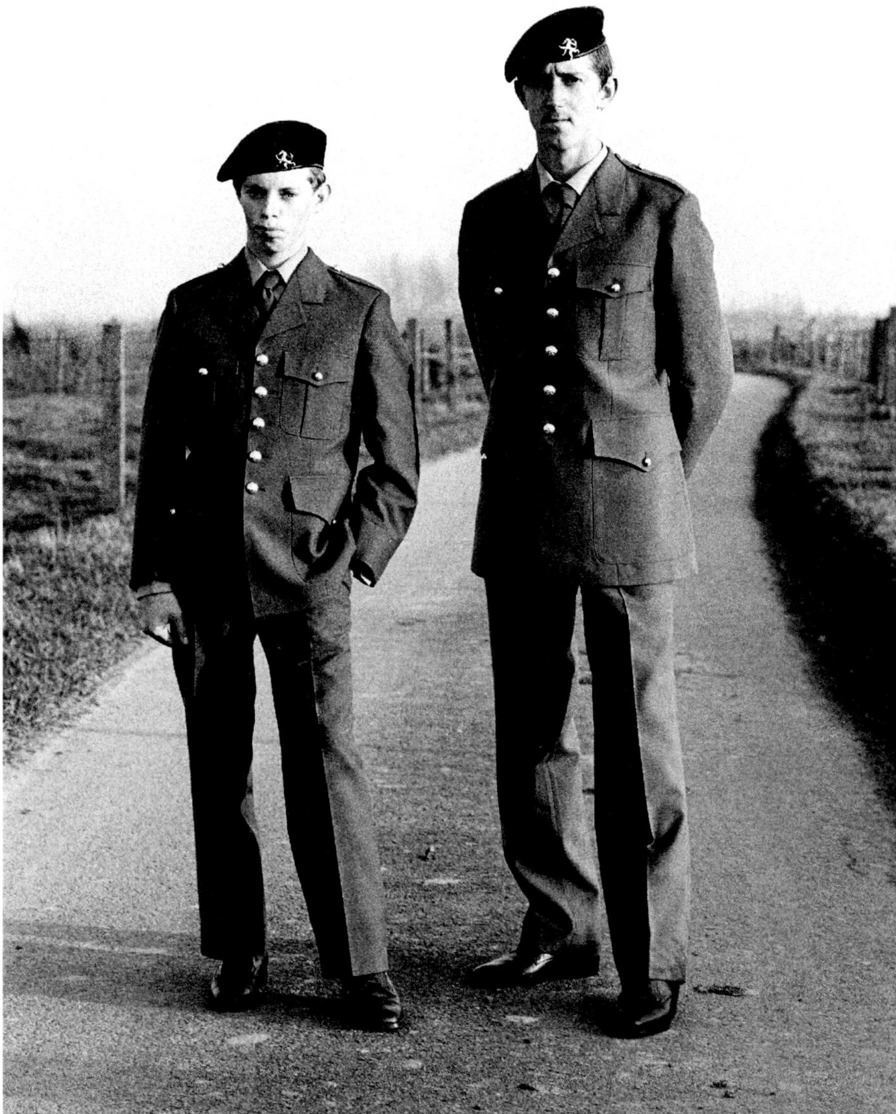

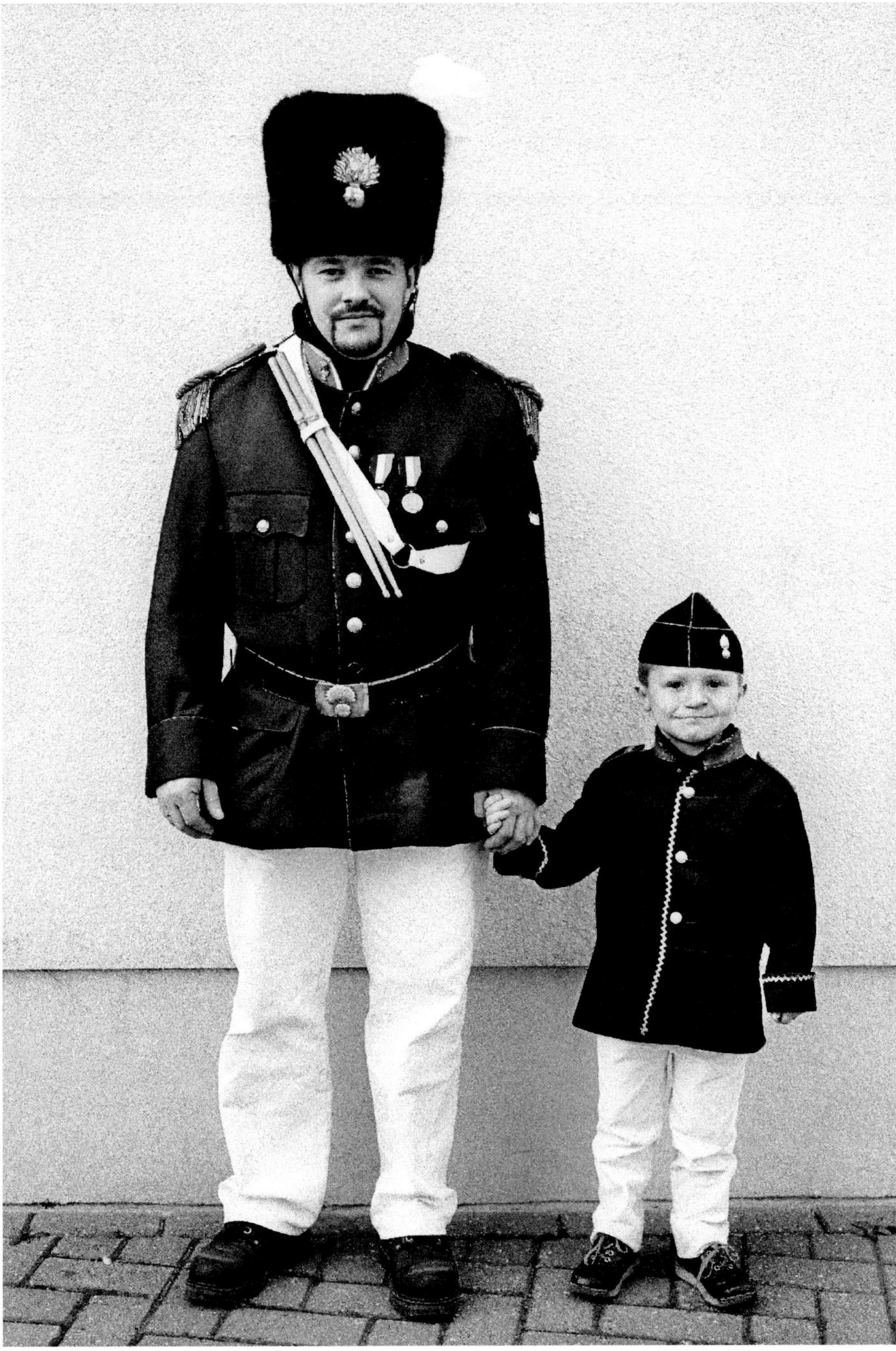

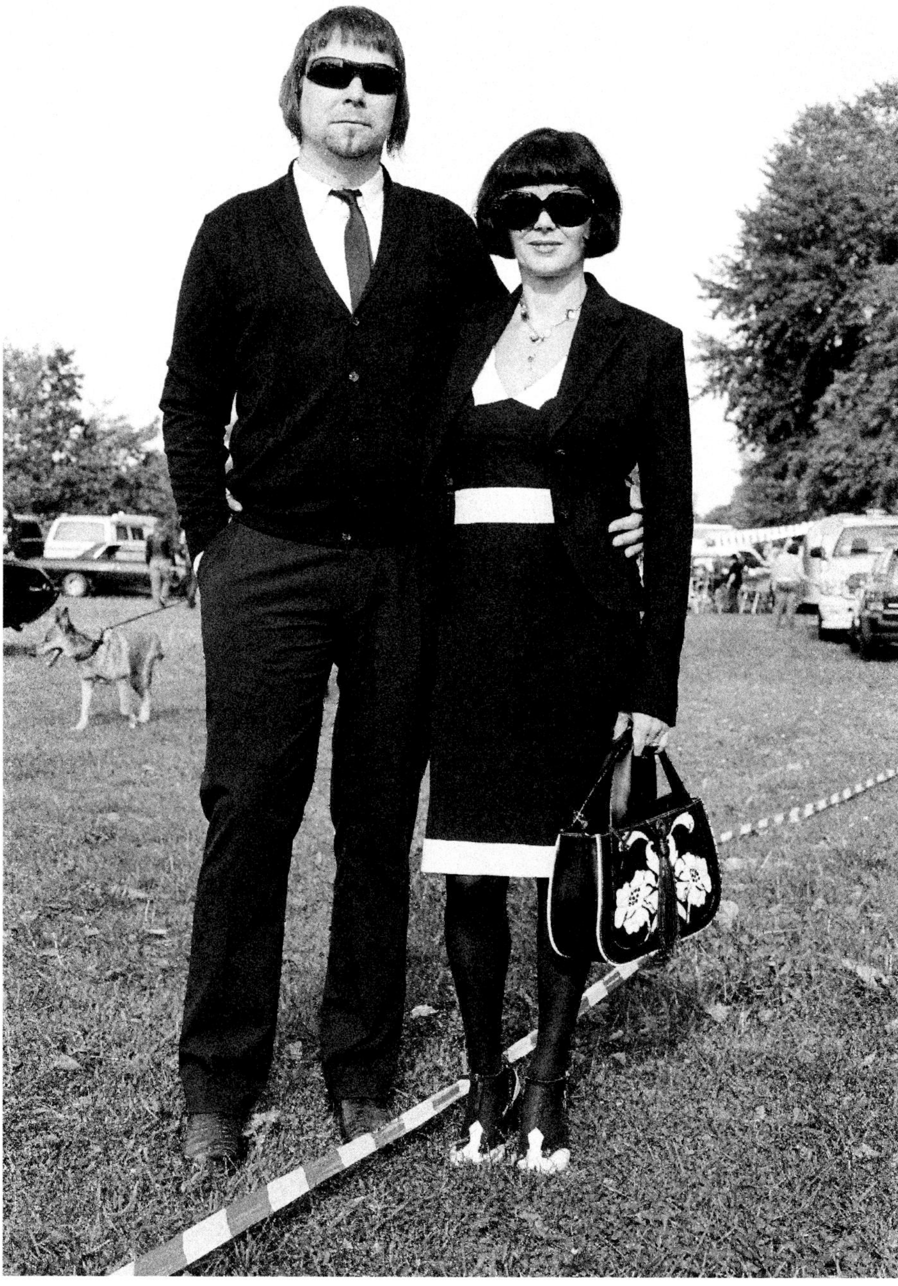

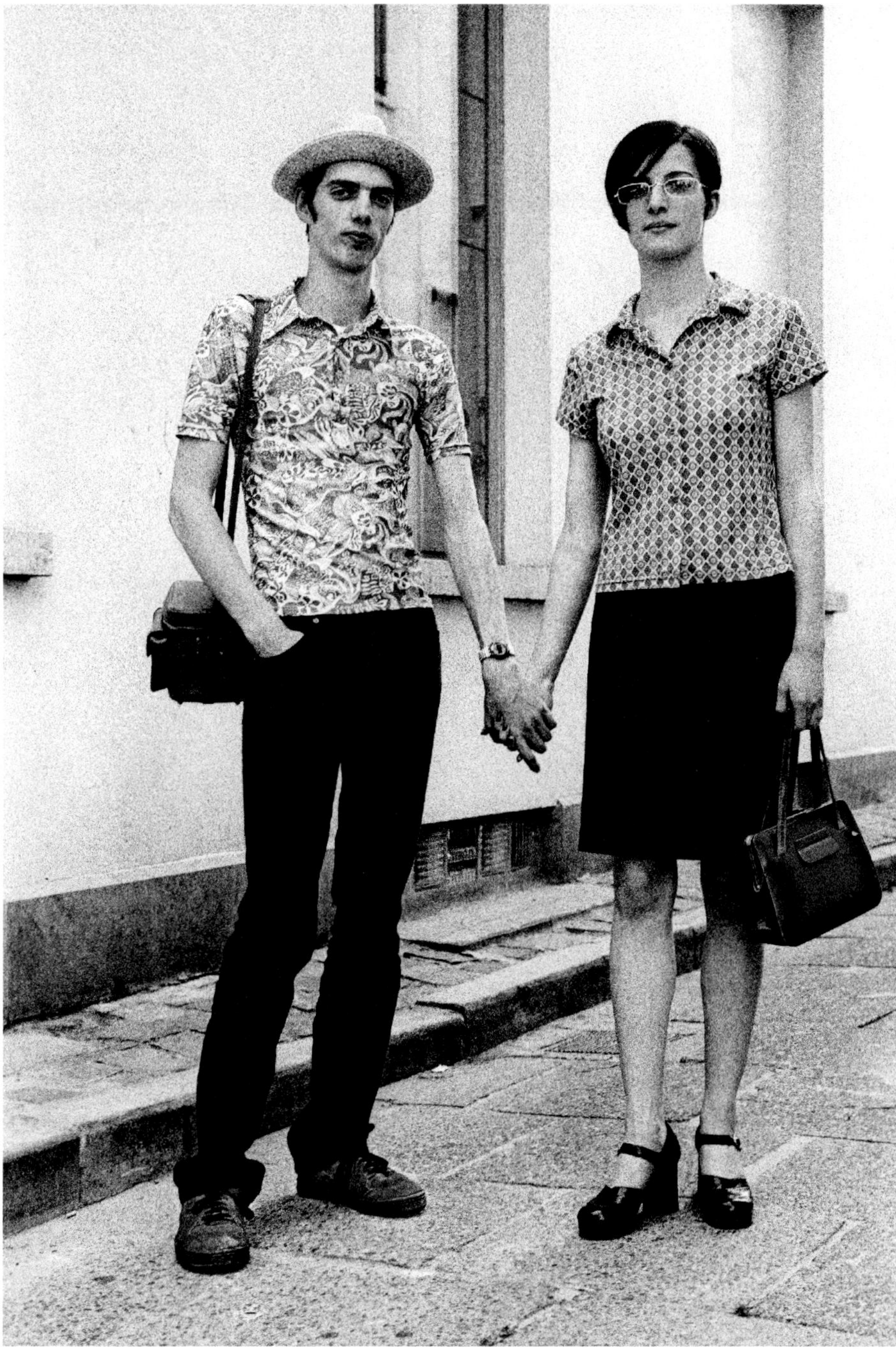

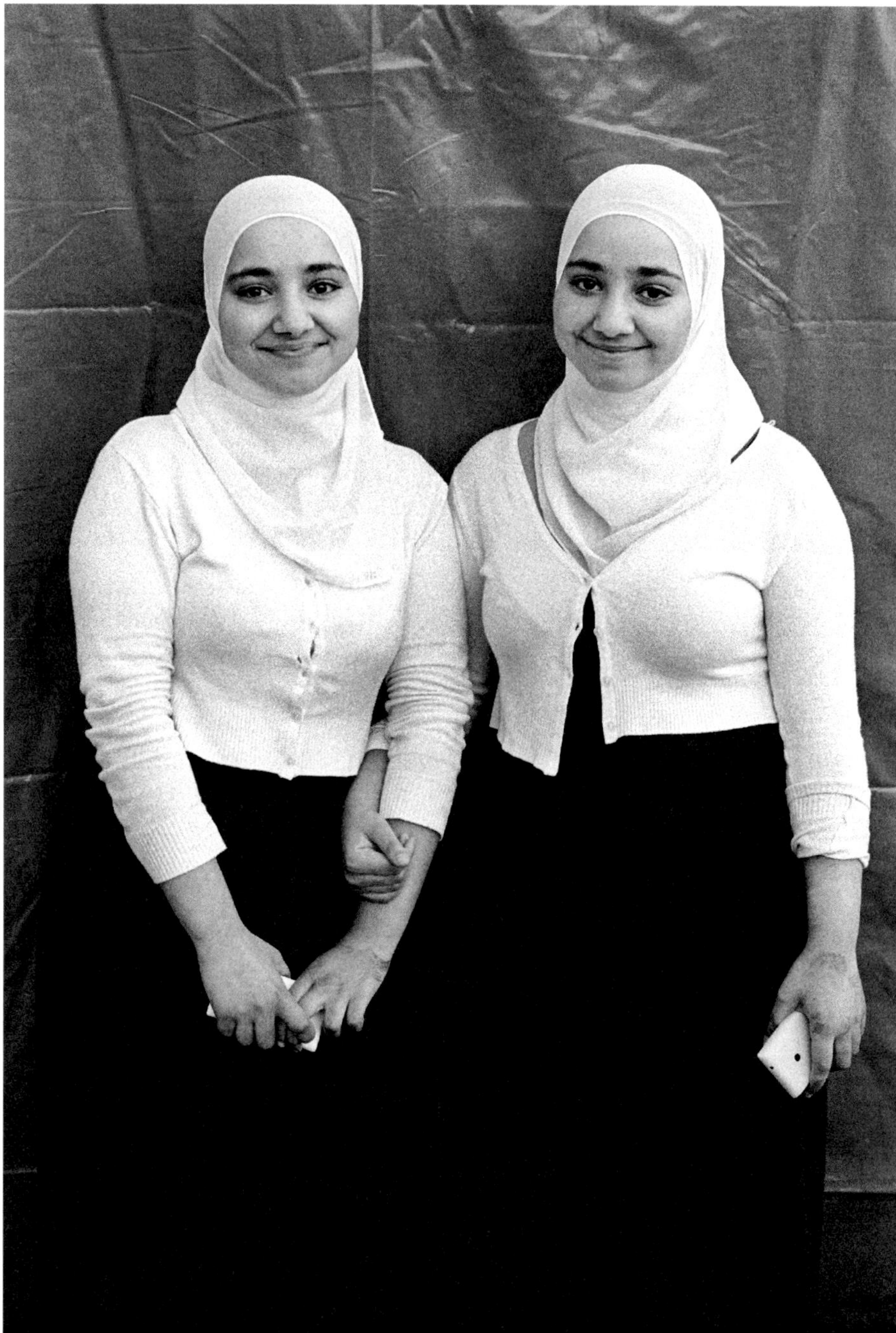

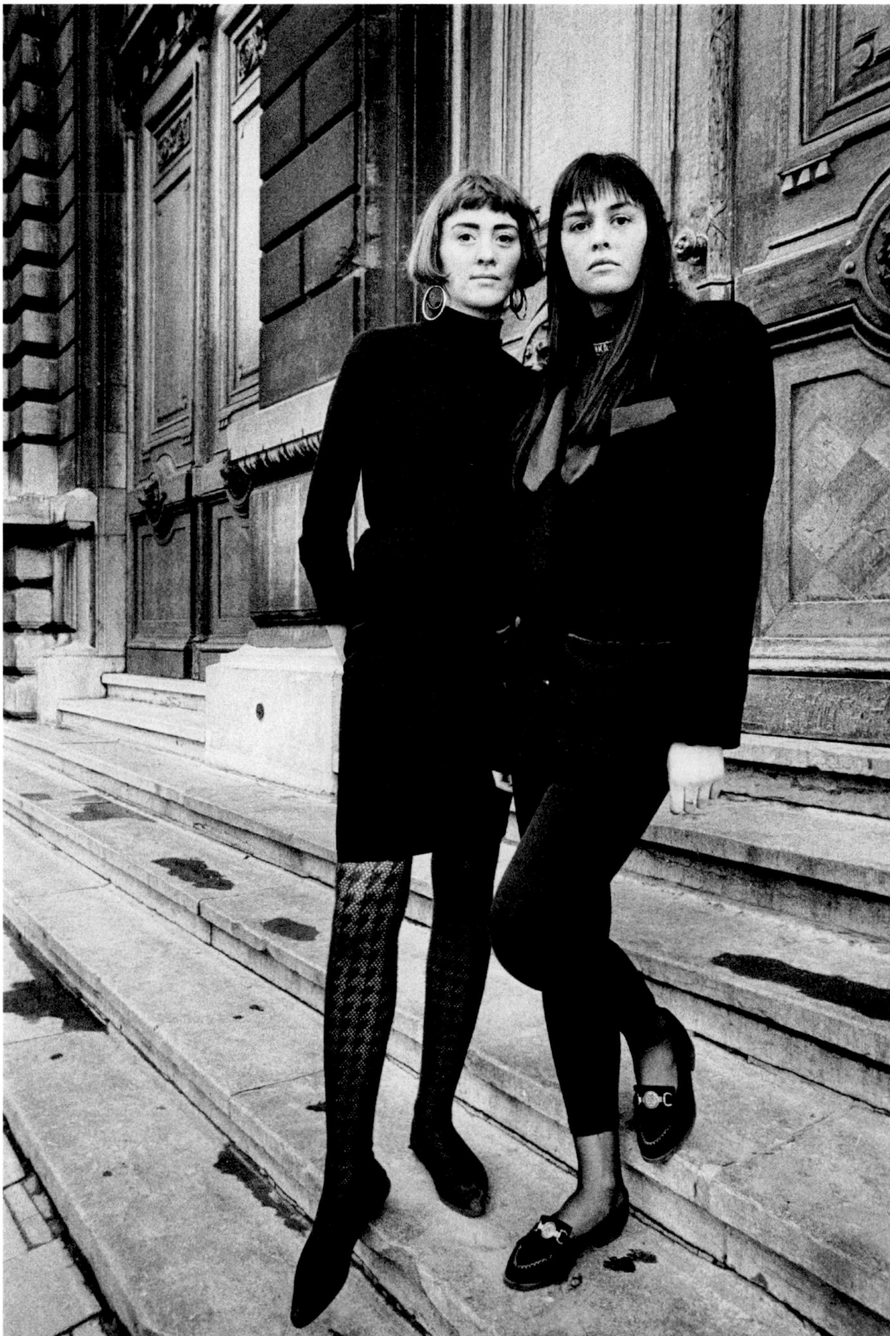

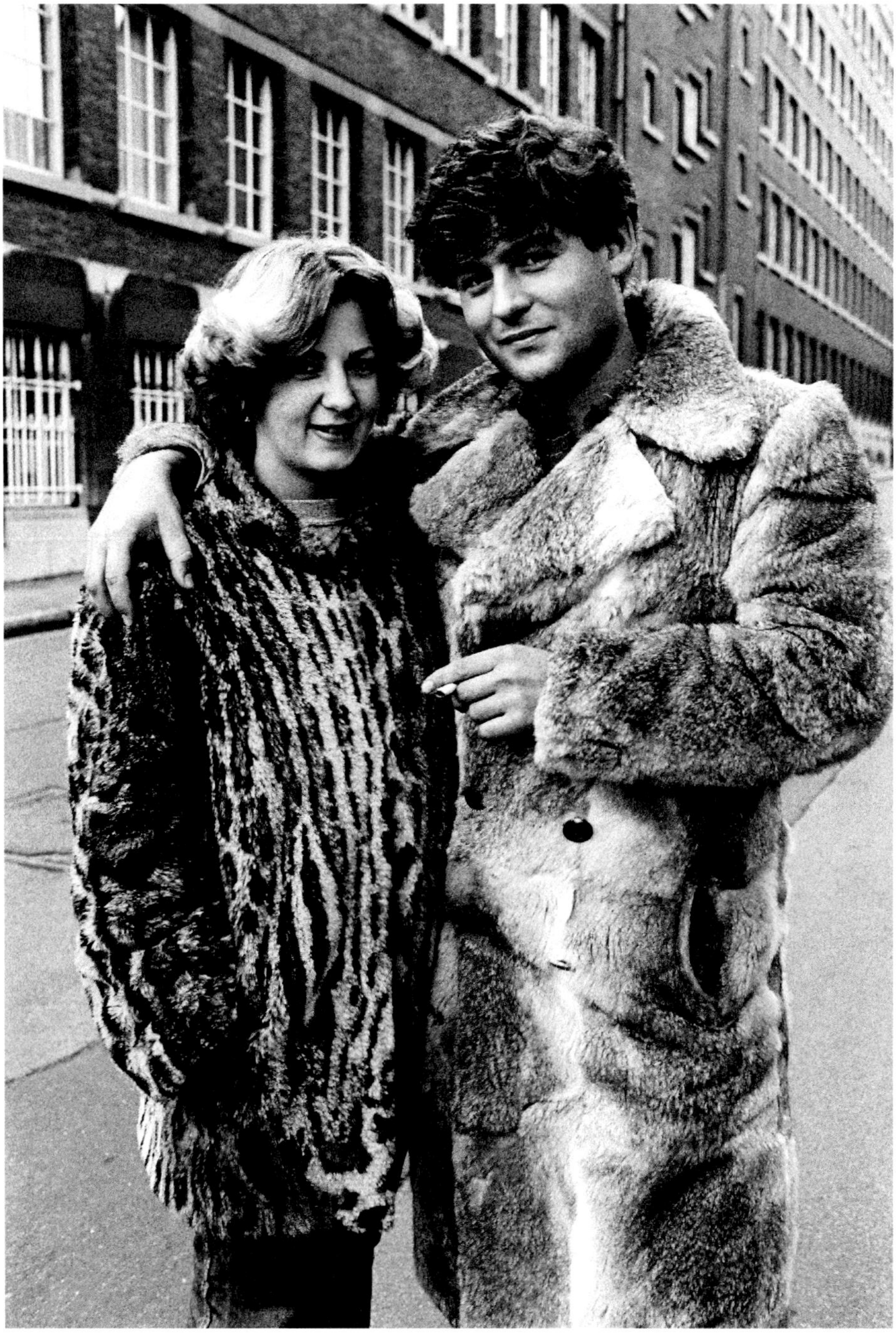

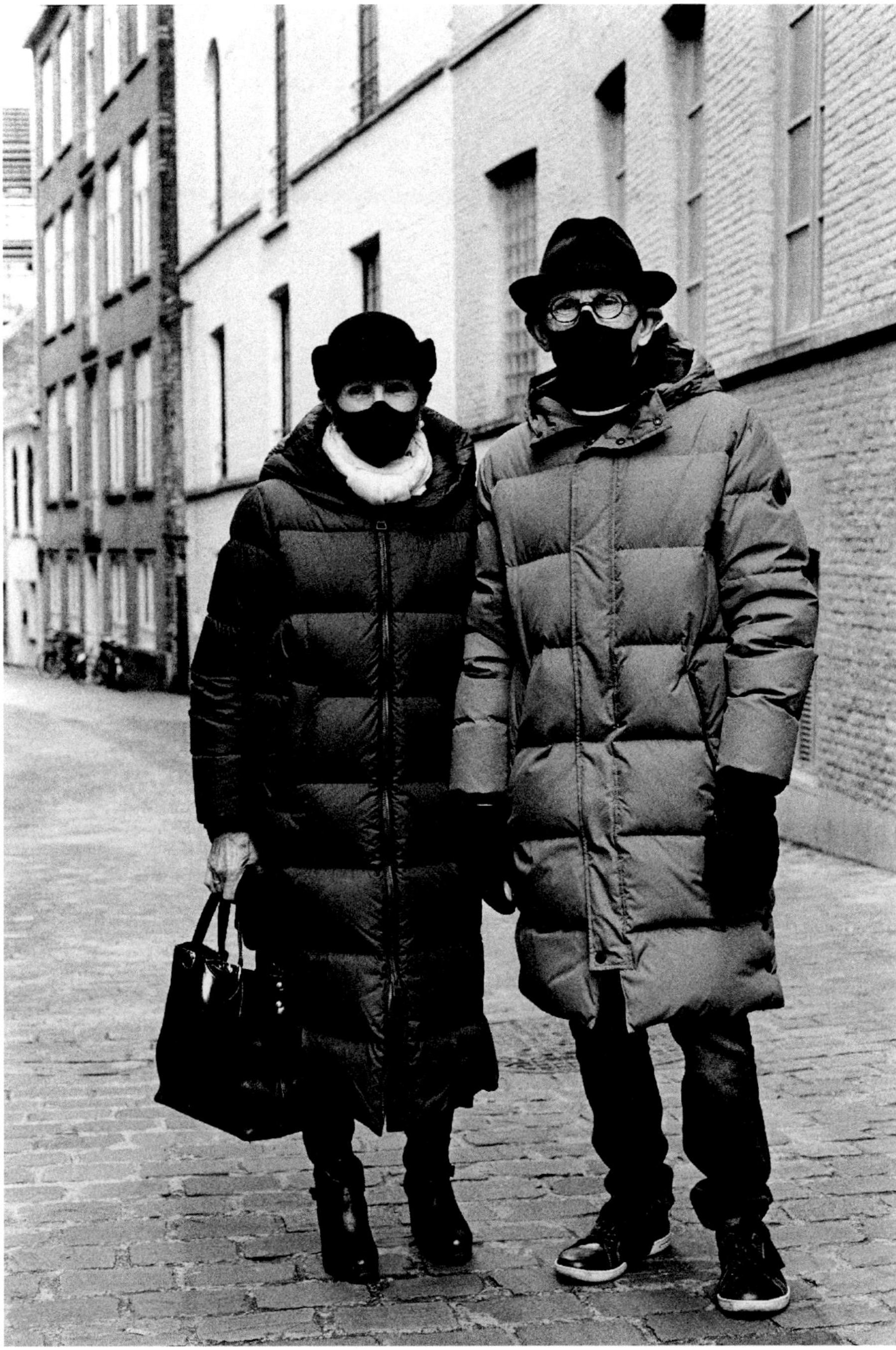

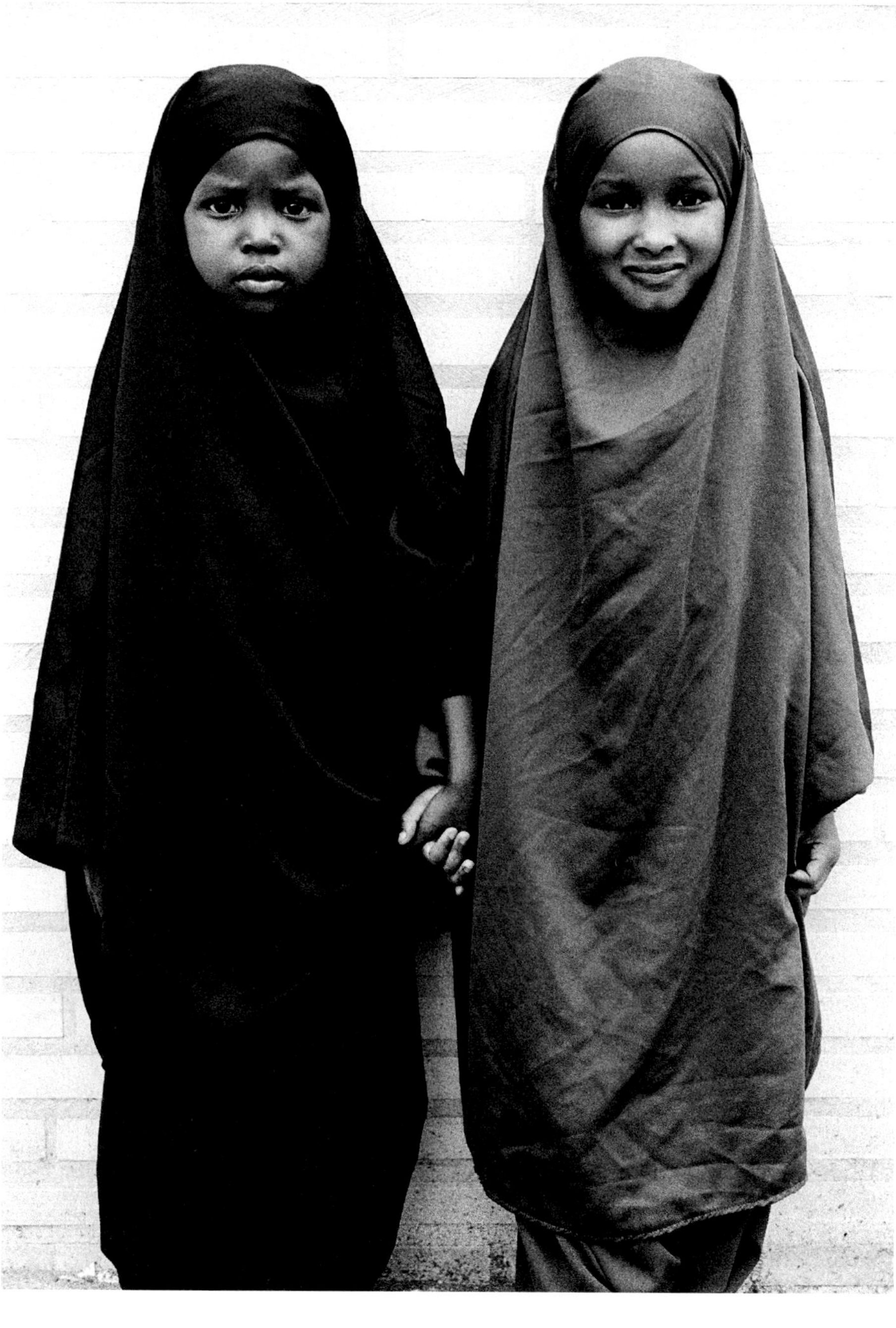

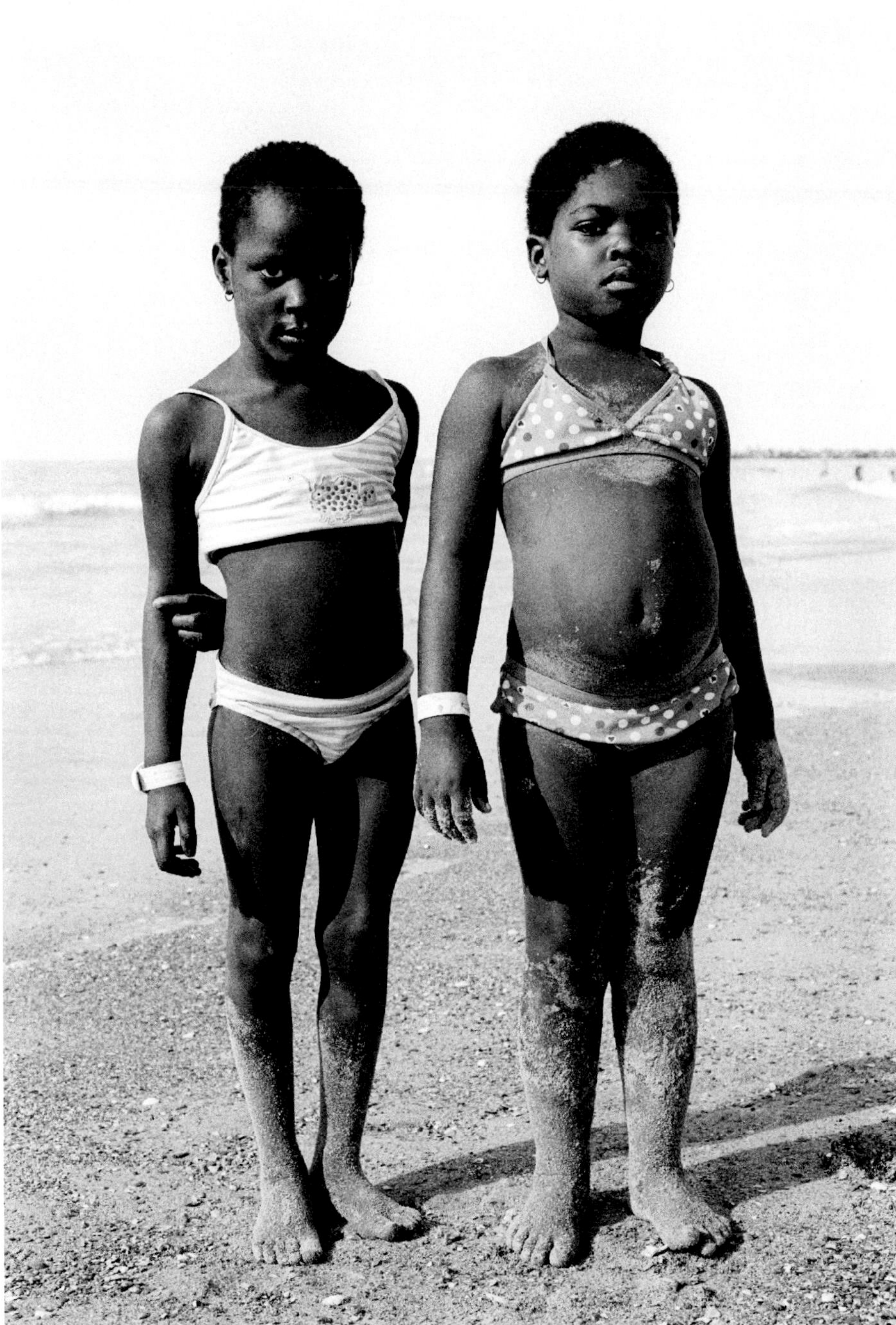

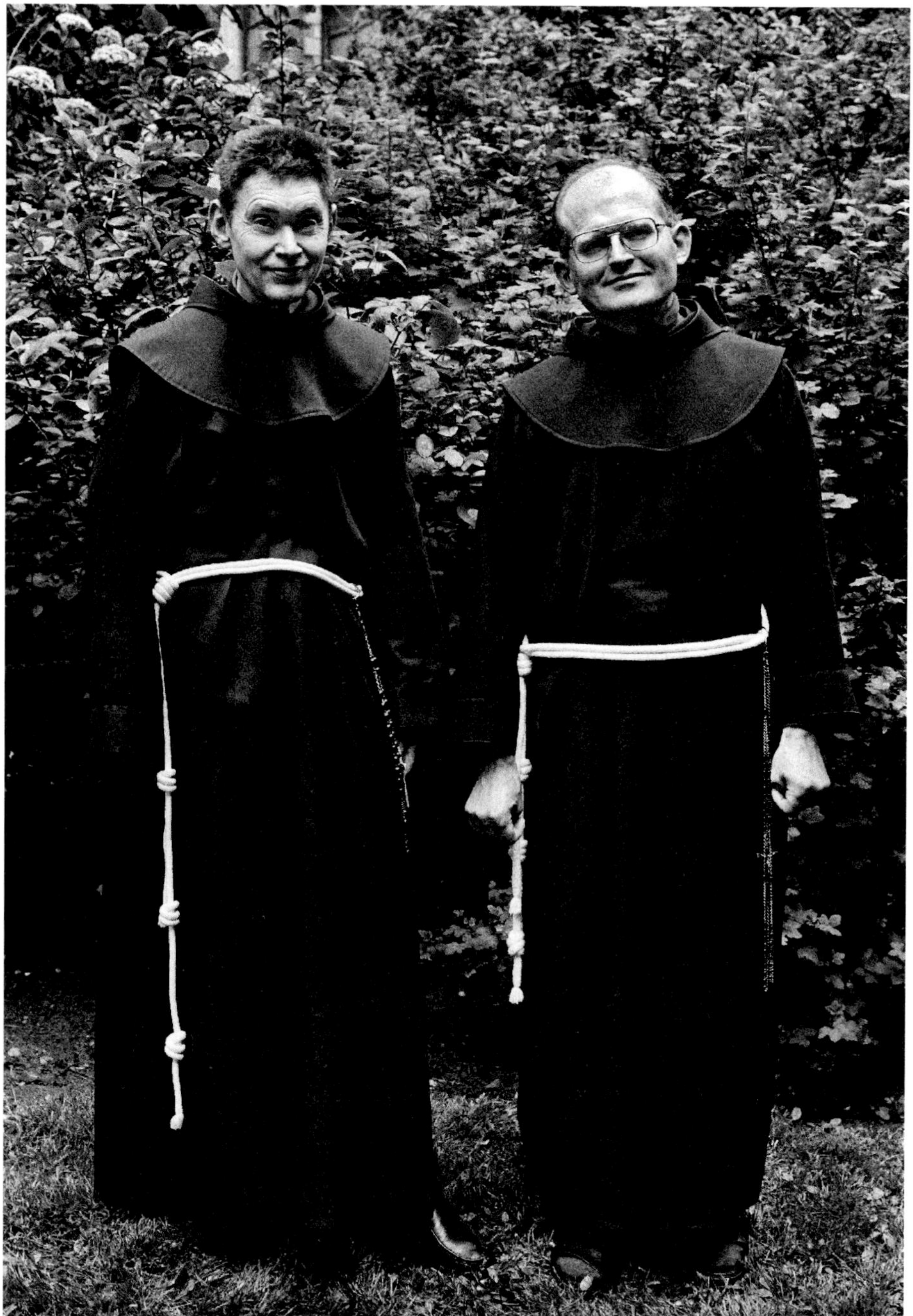

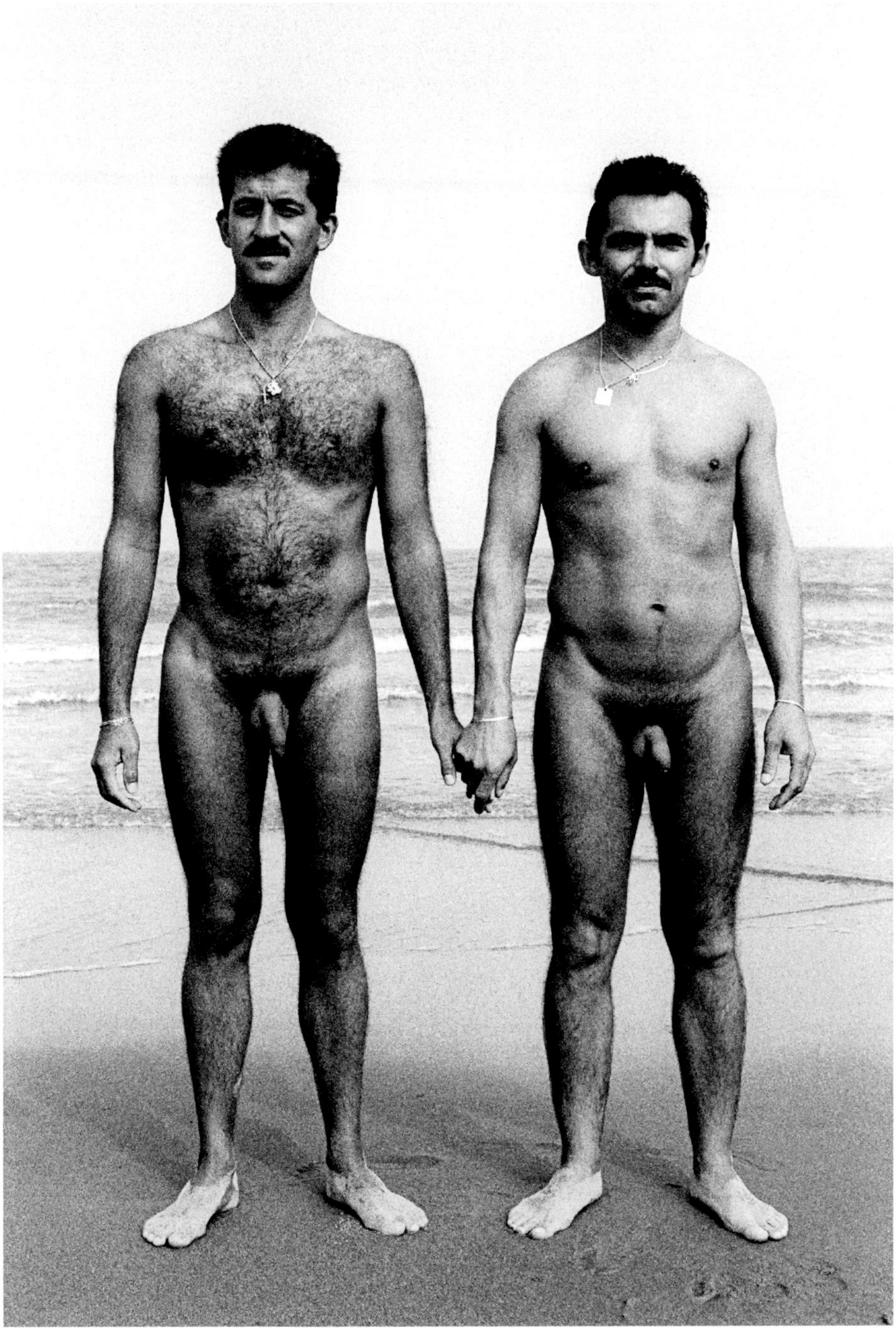

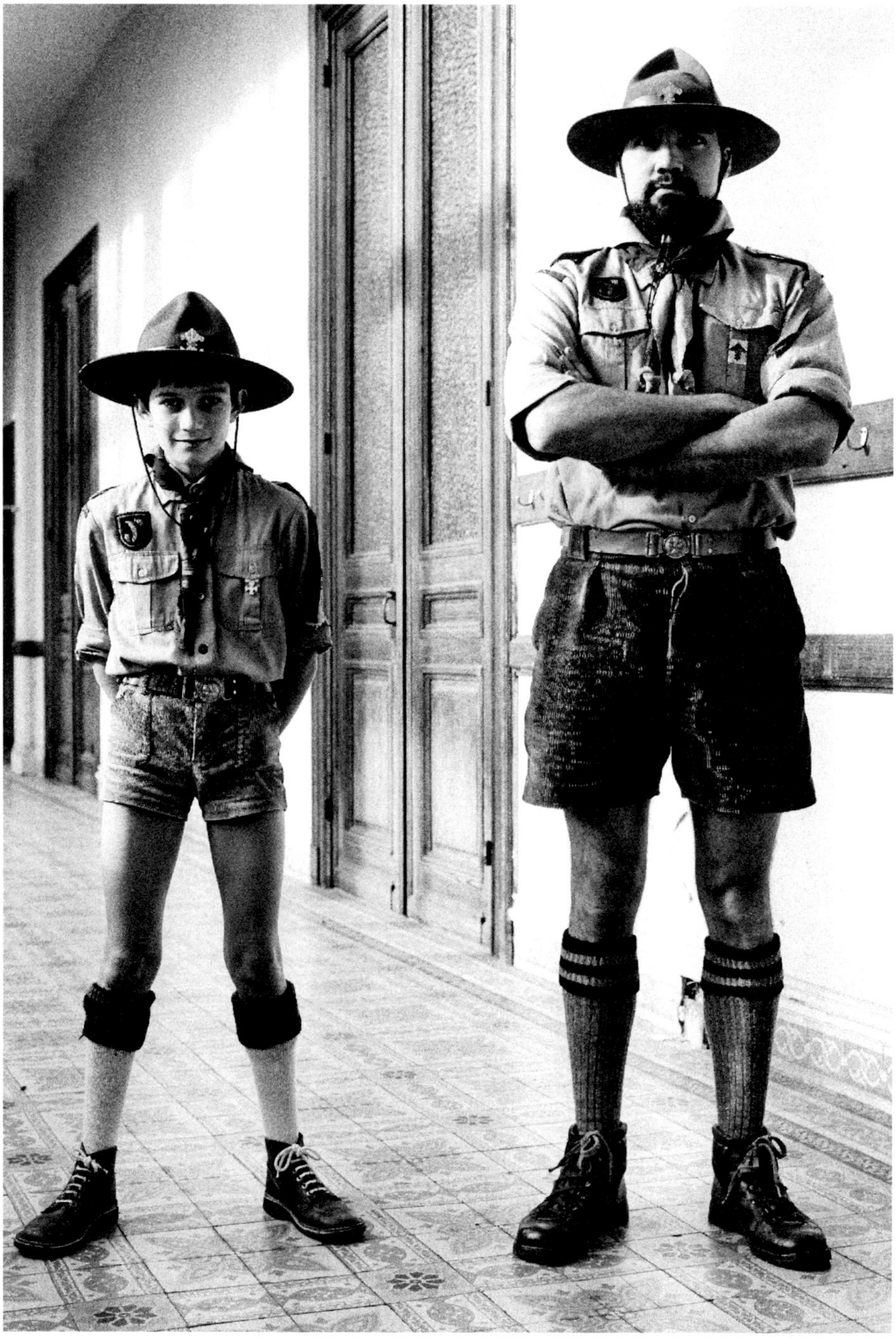

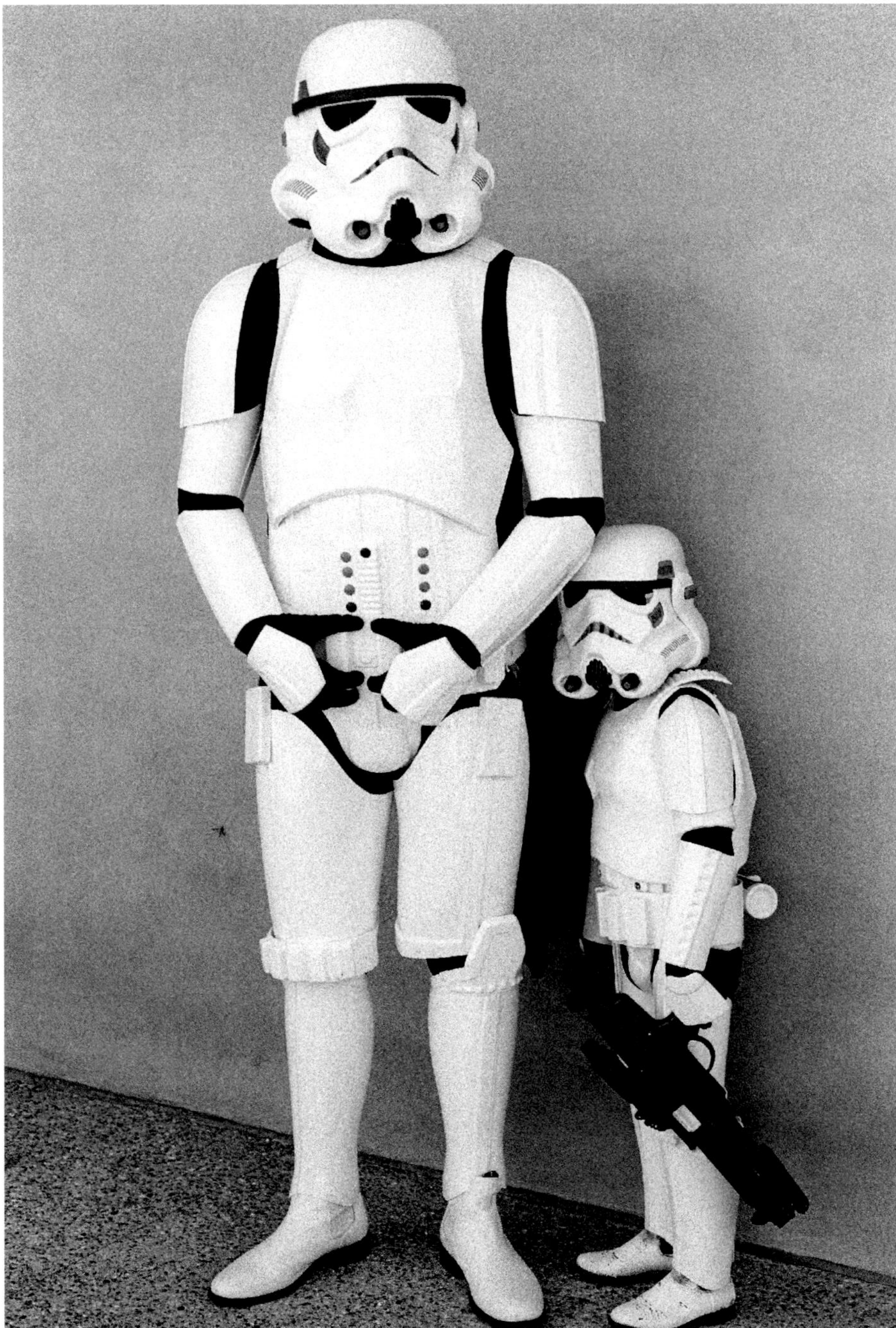

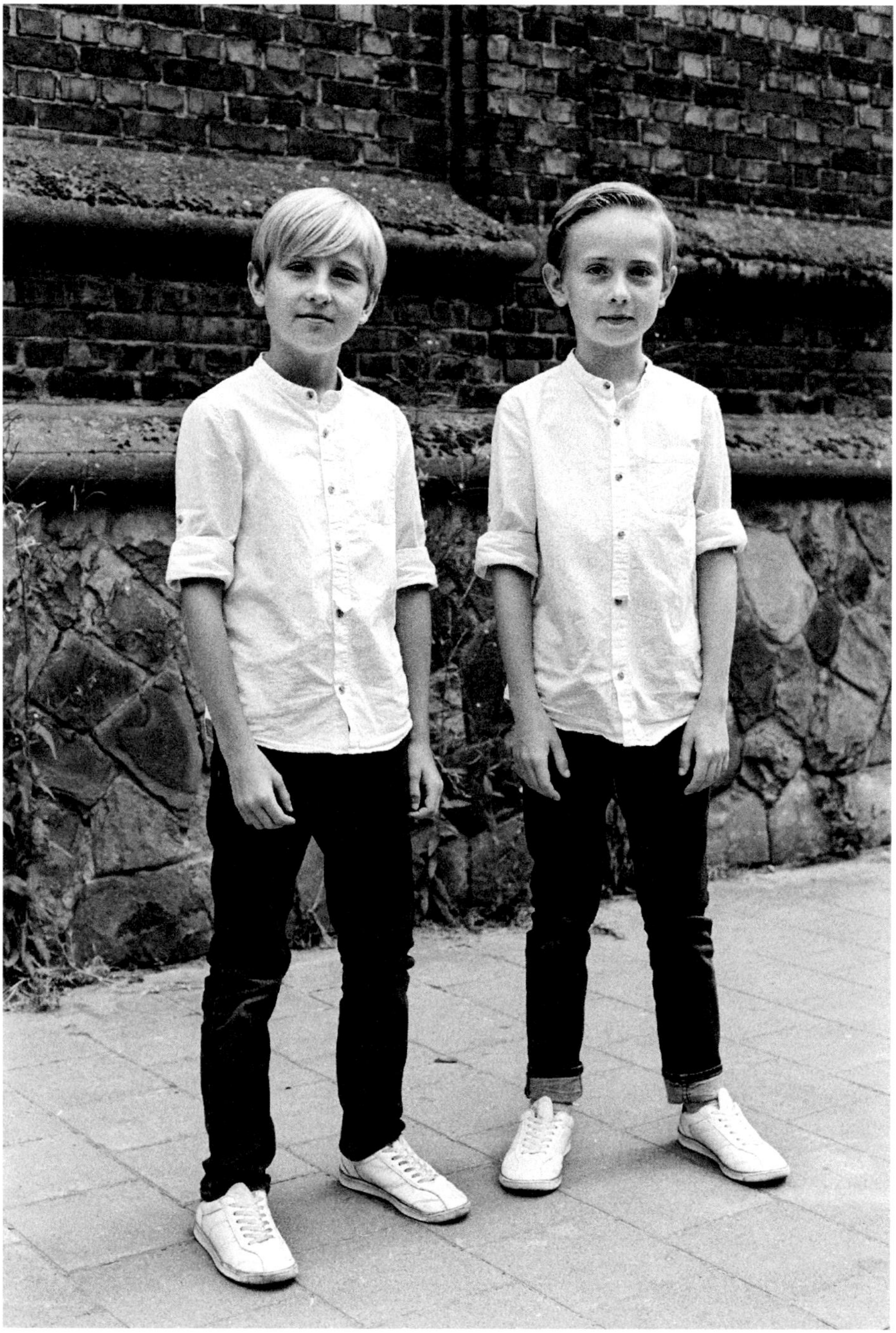

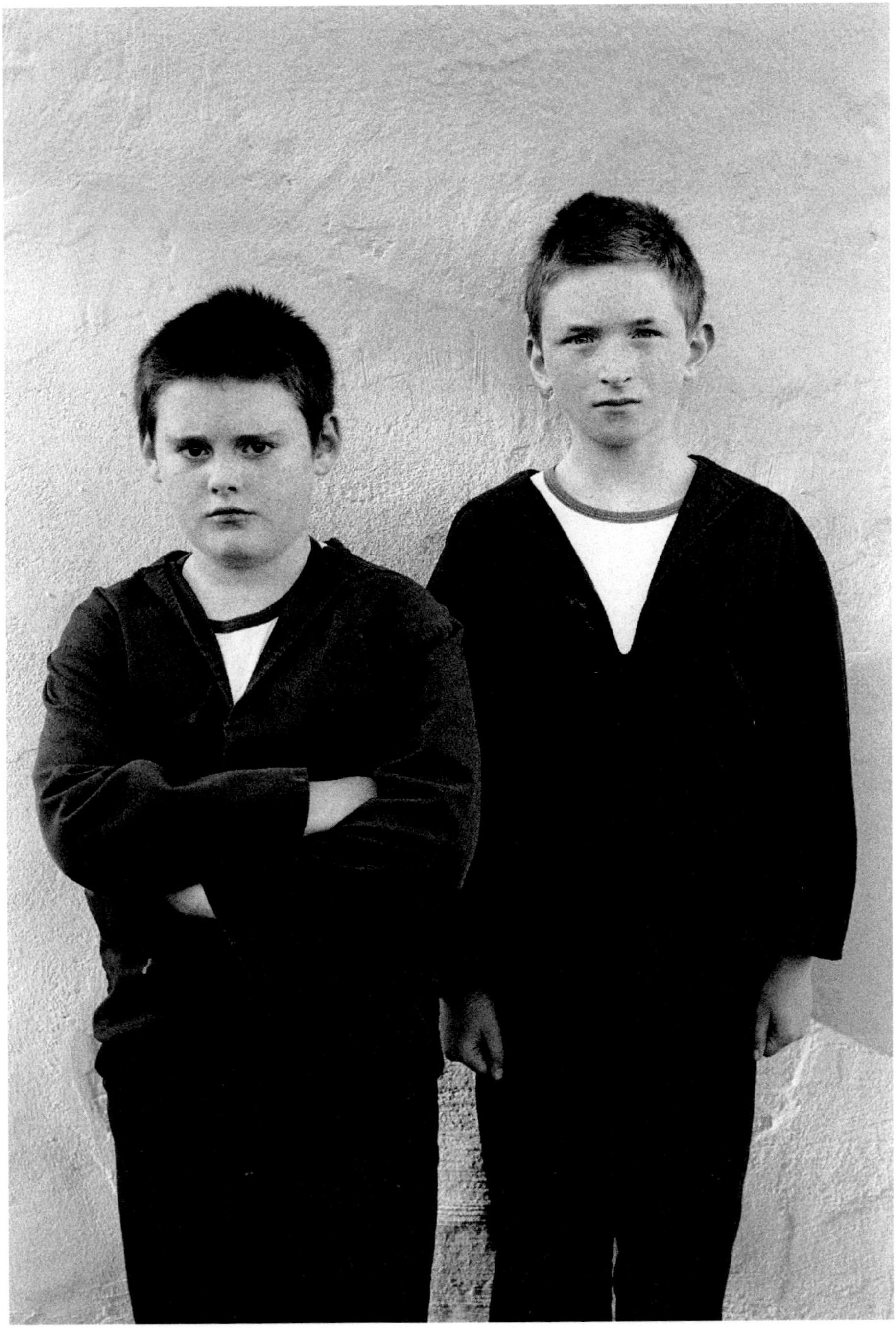

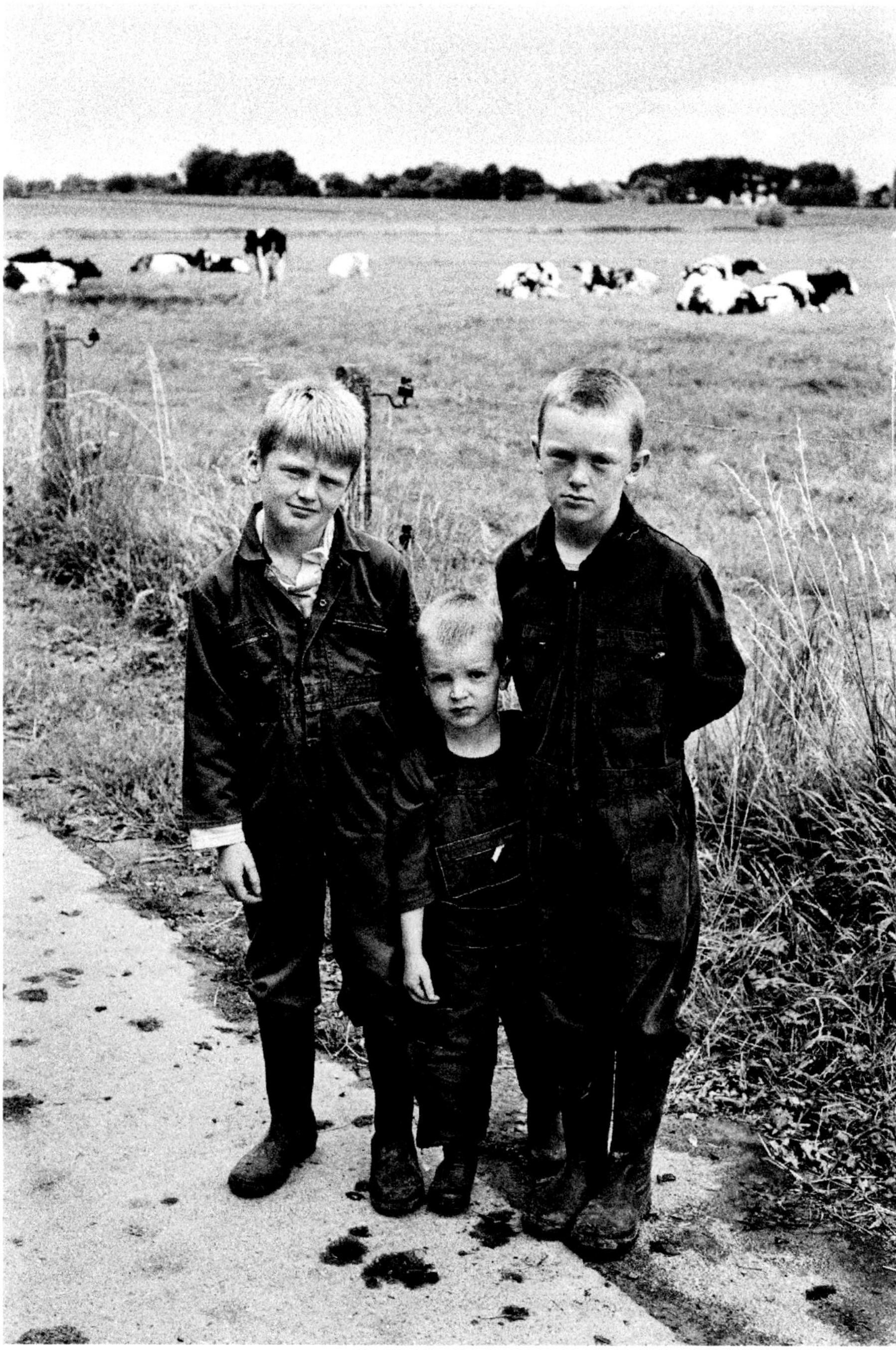

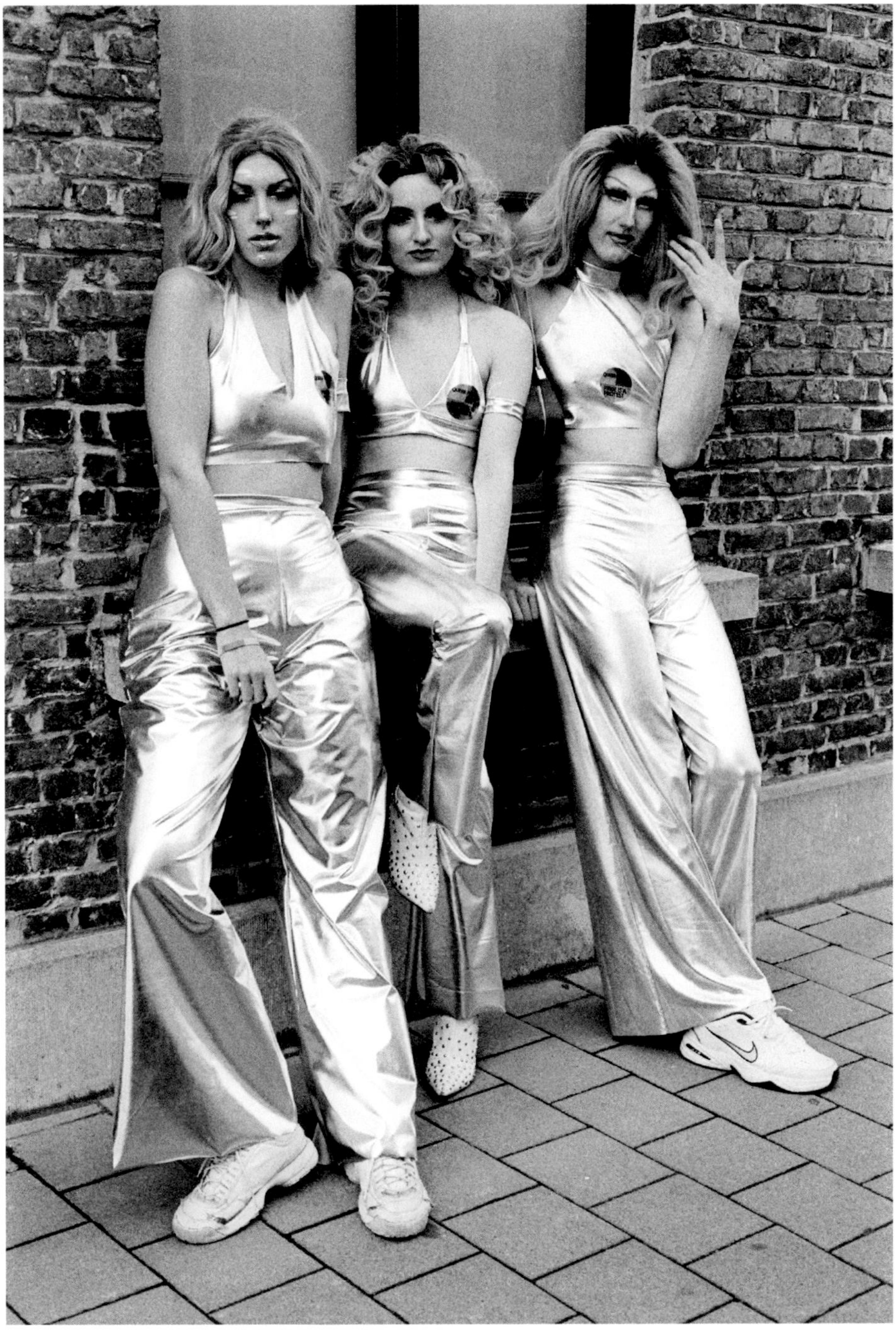

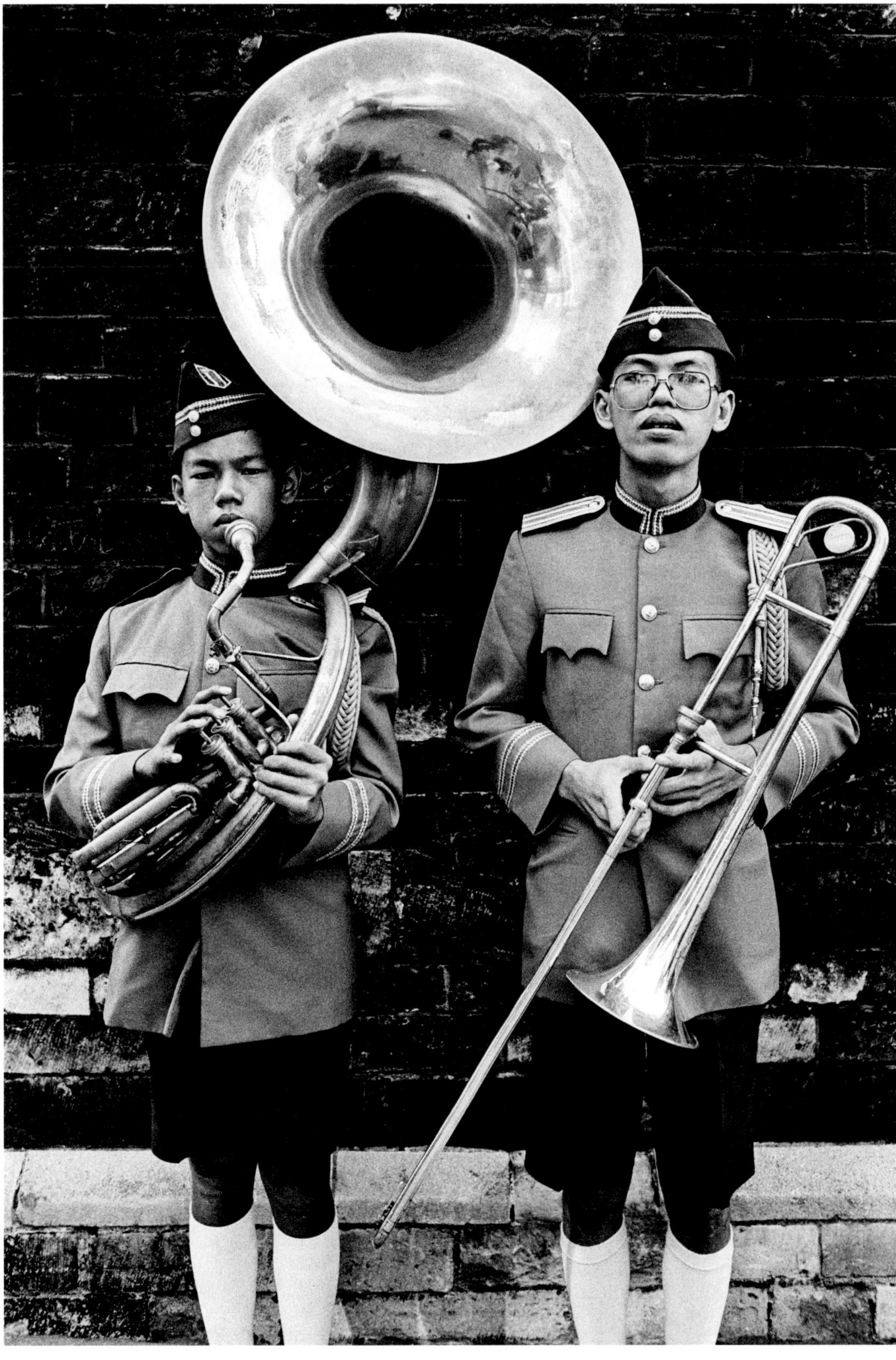

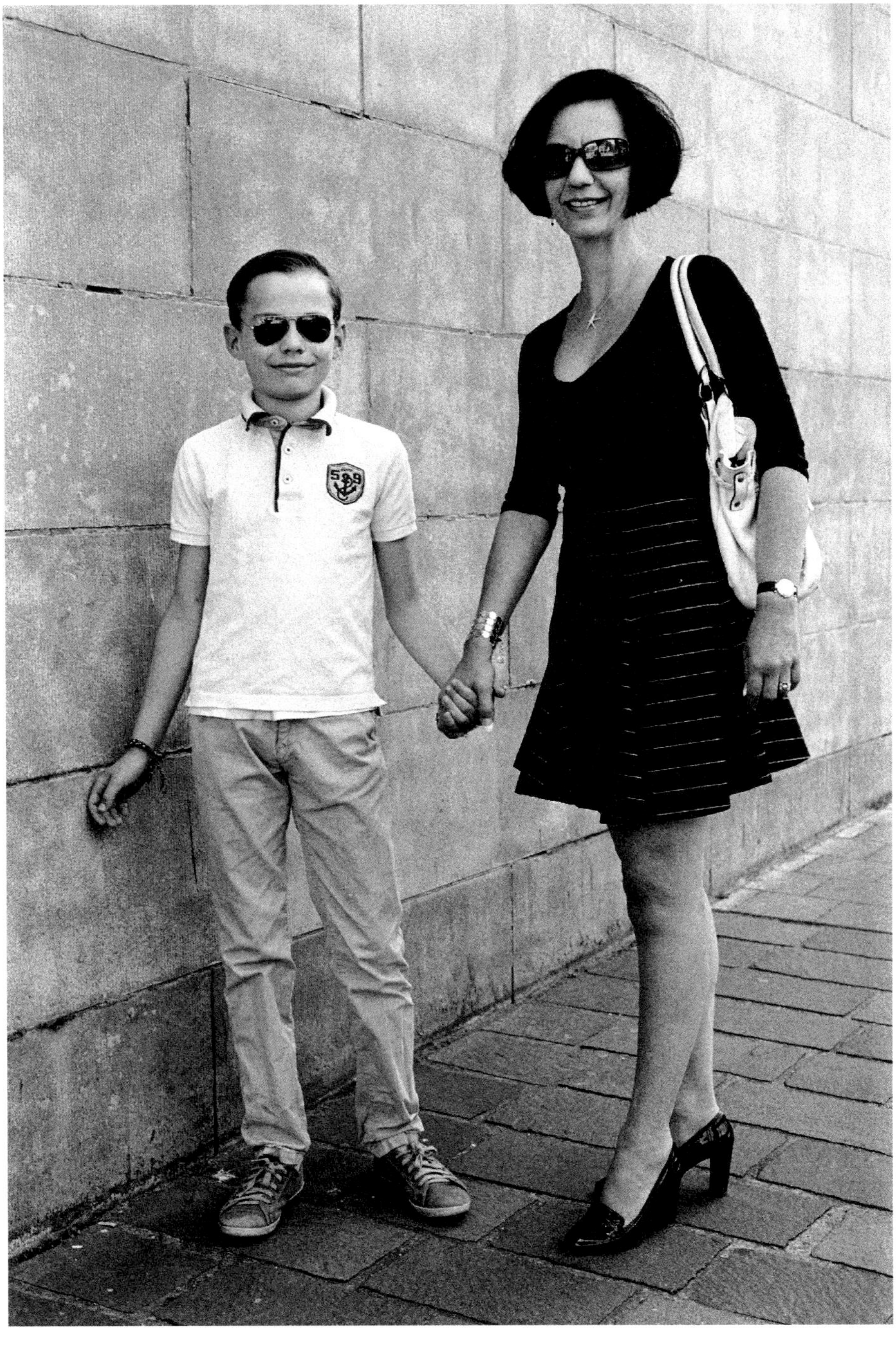

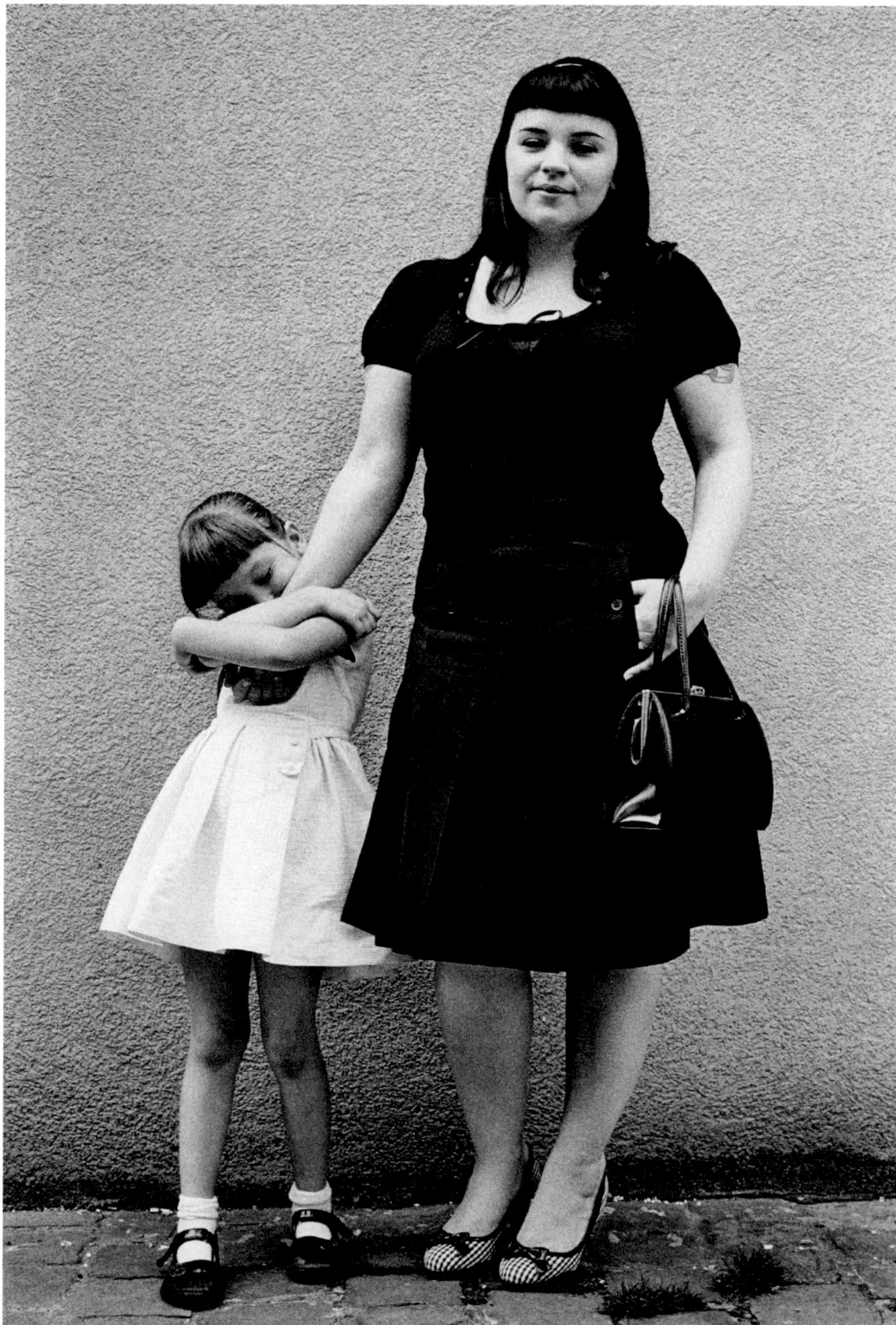

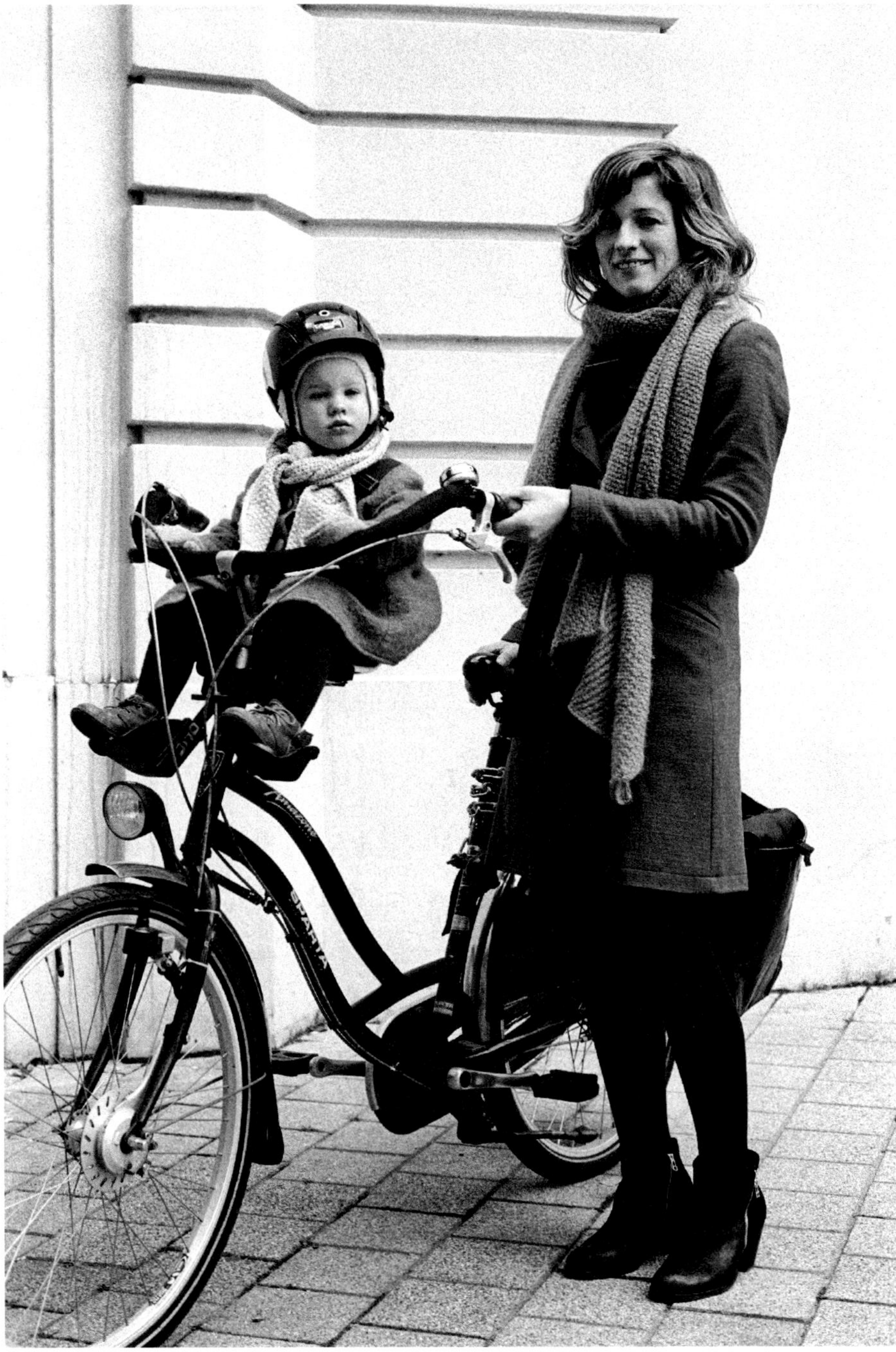
SPARTA

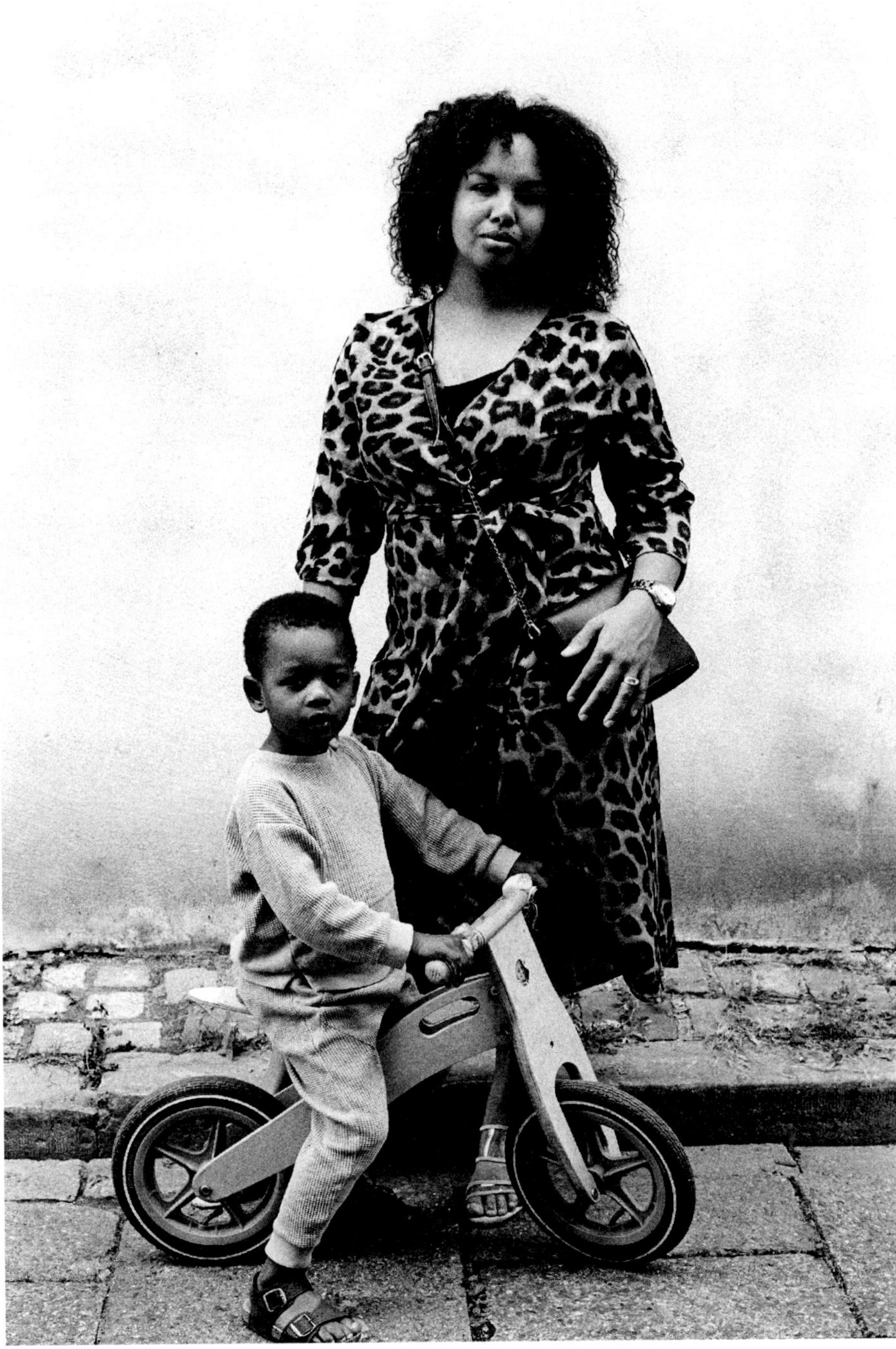

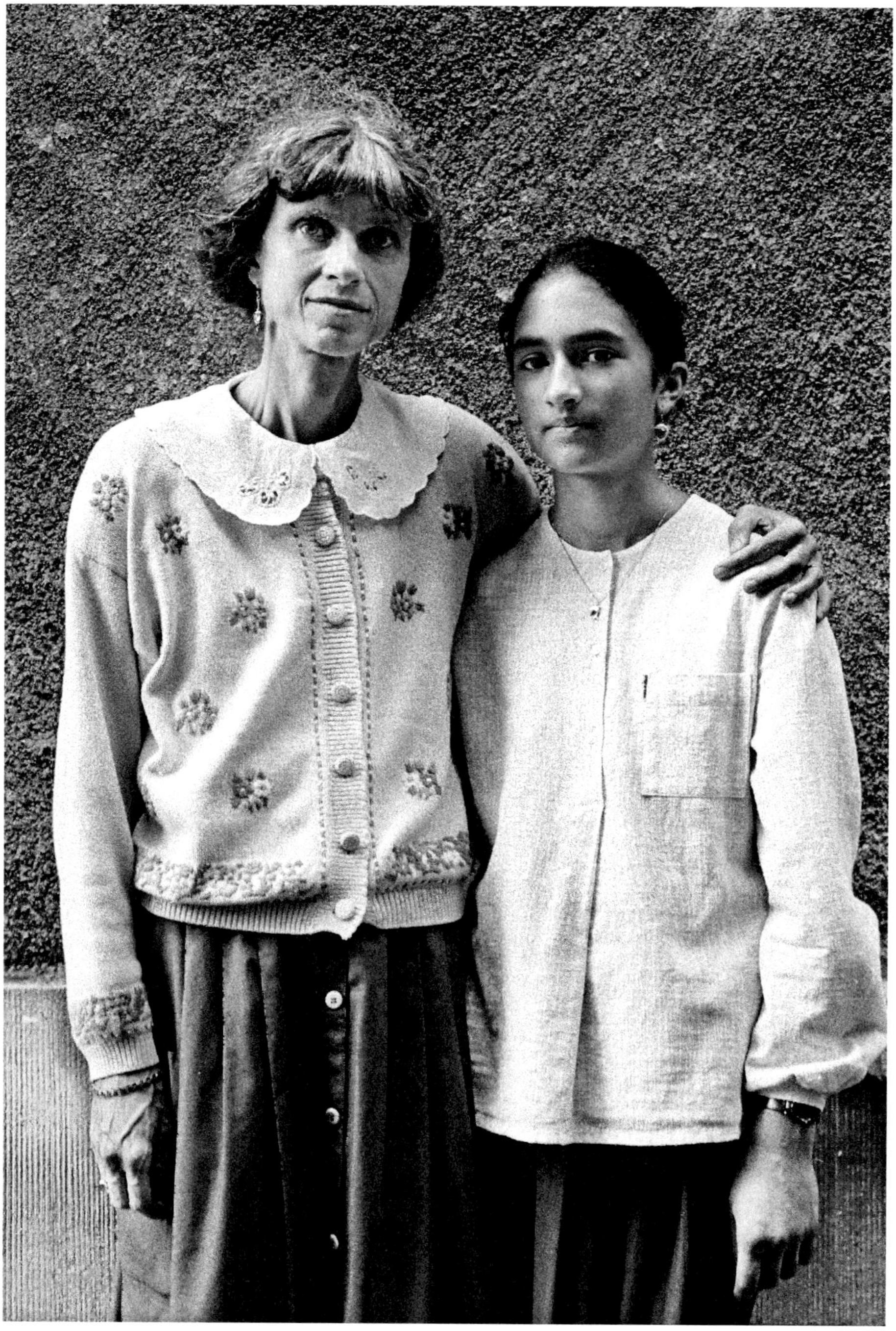

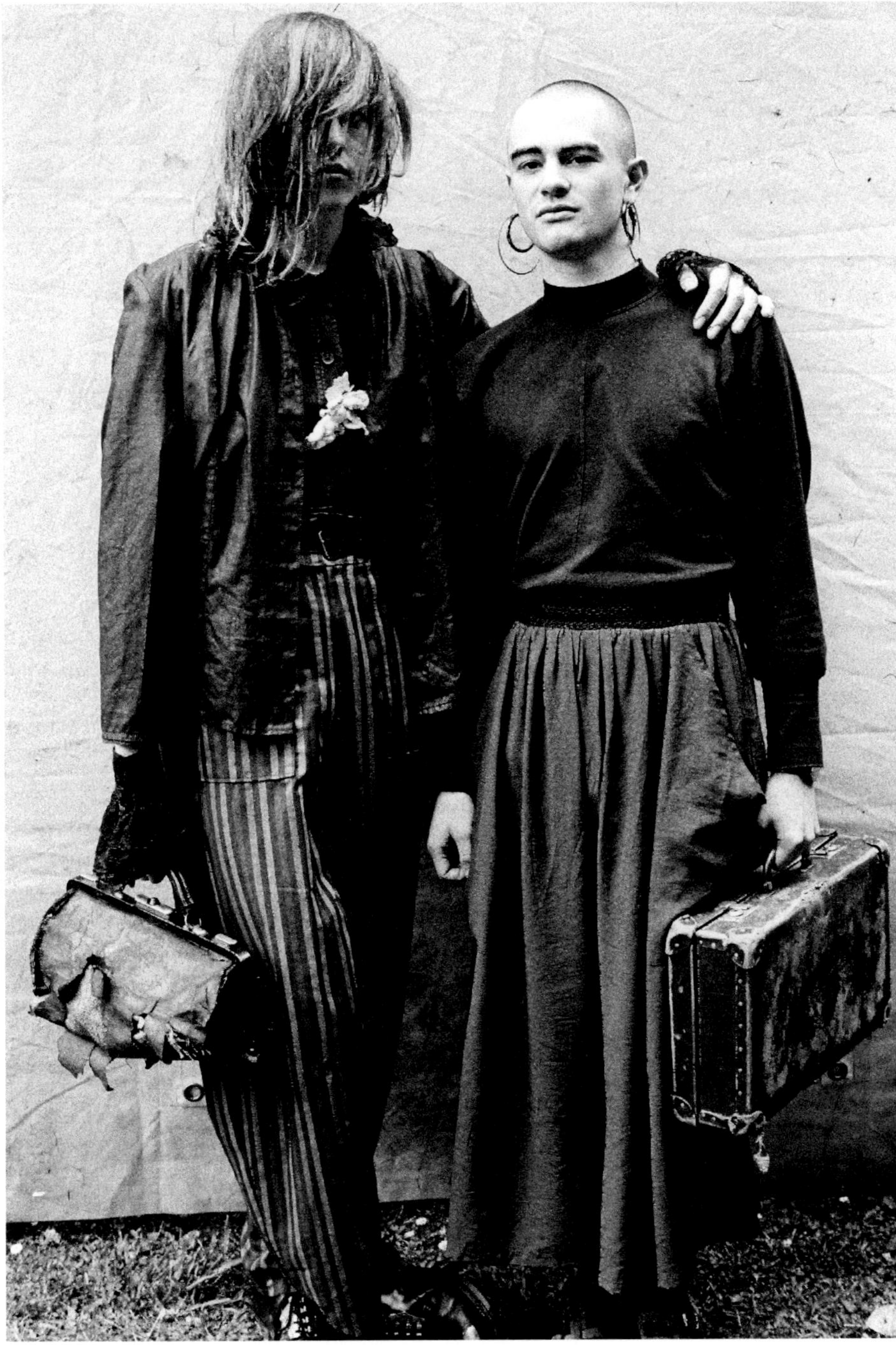

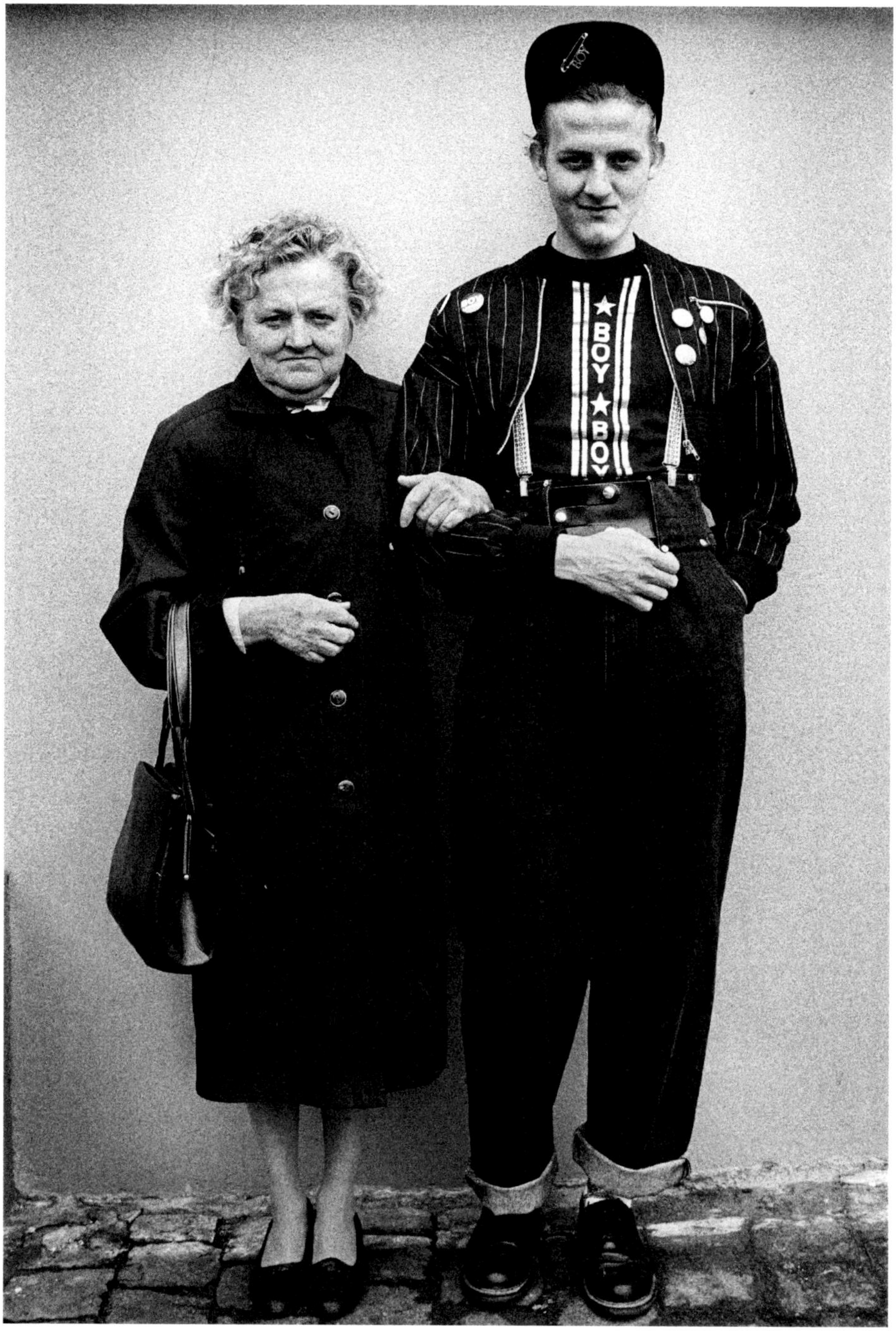
★ BOY ★

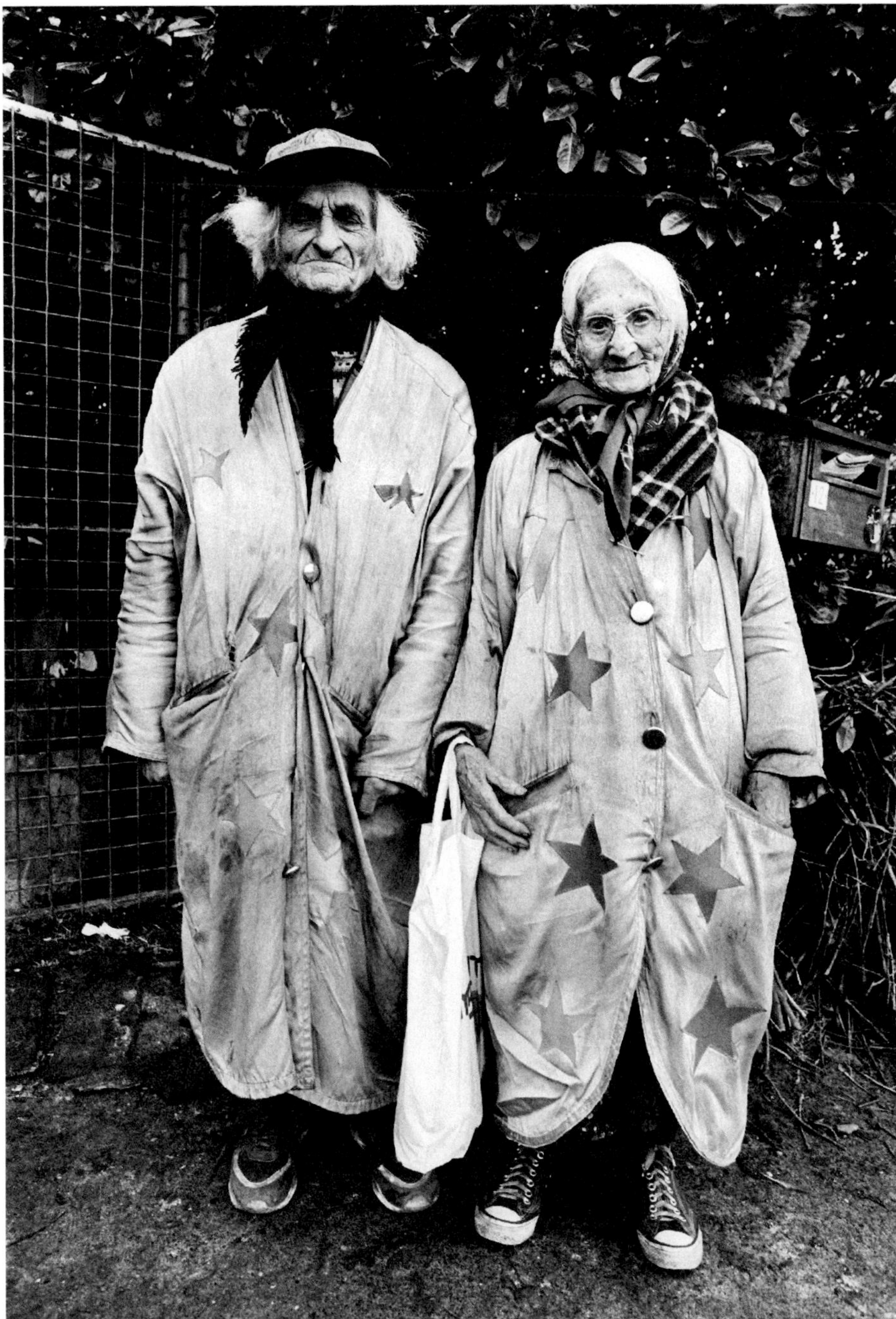

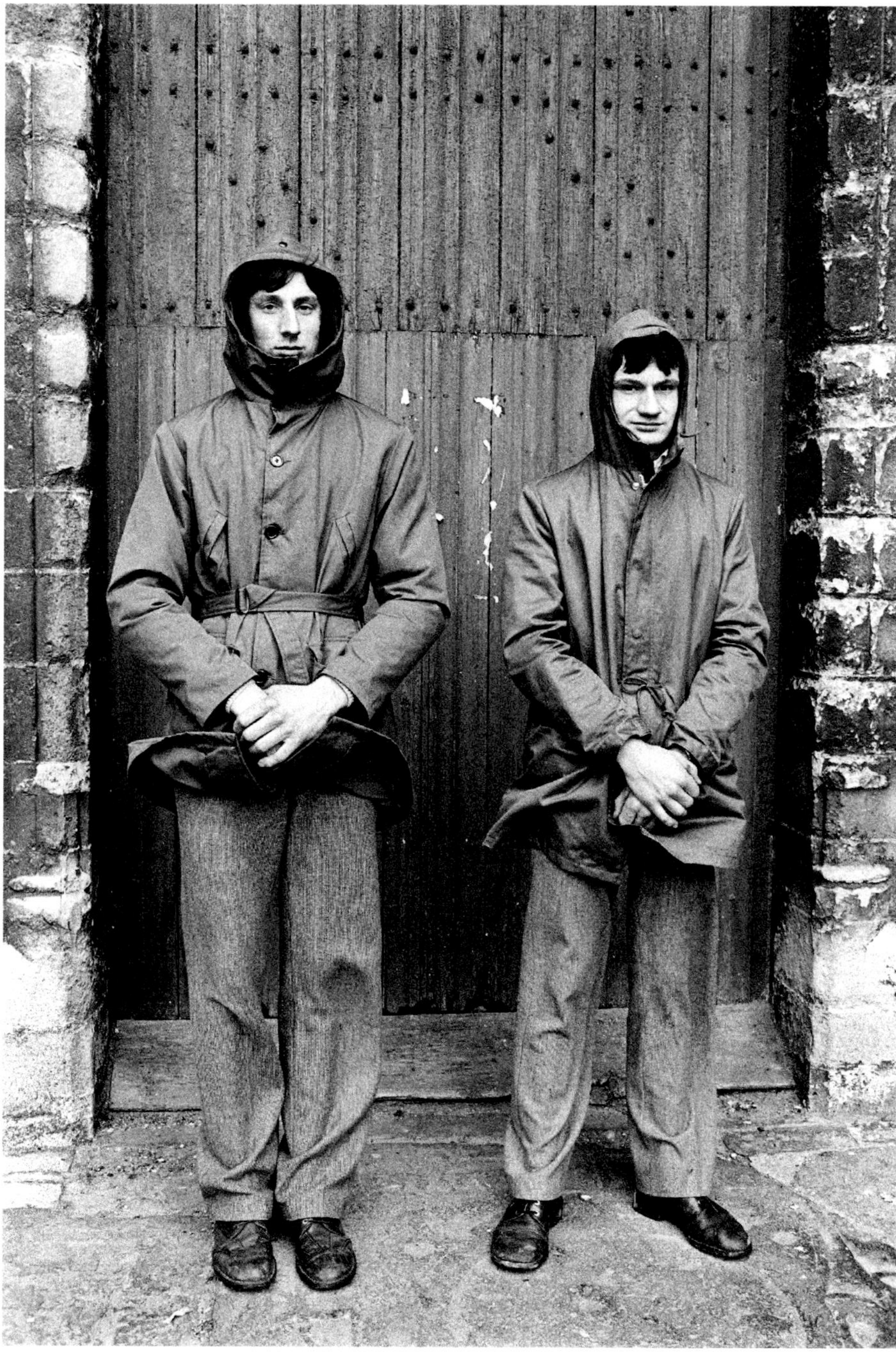

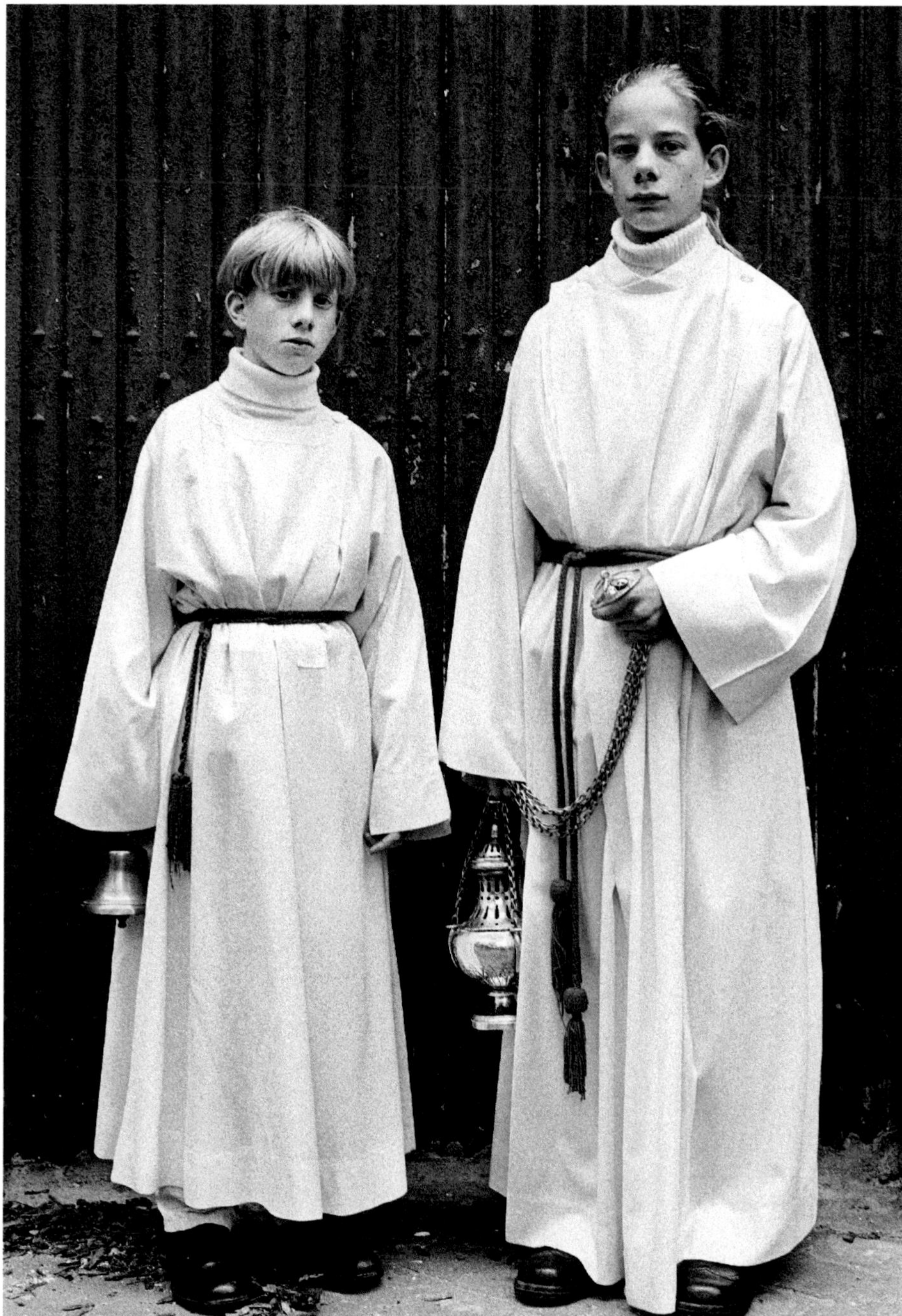

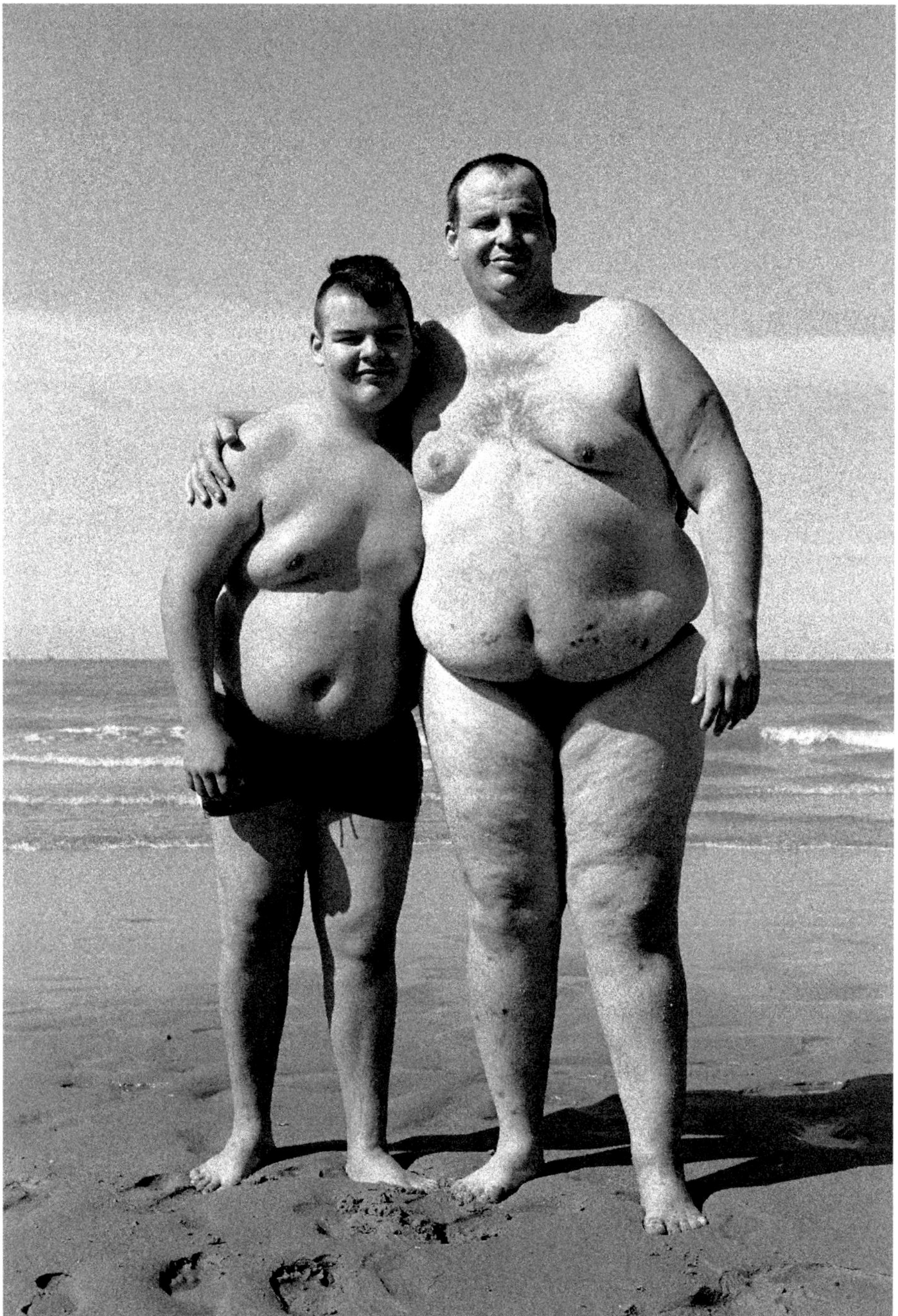

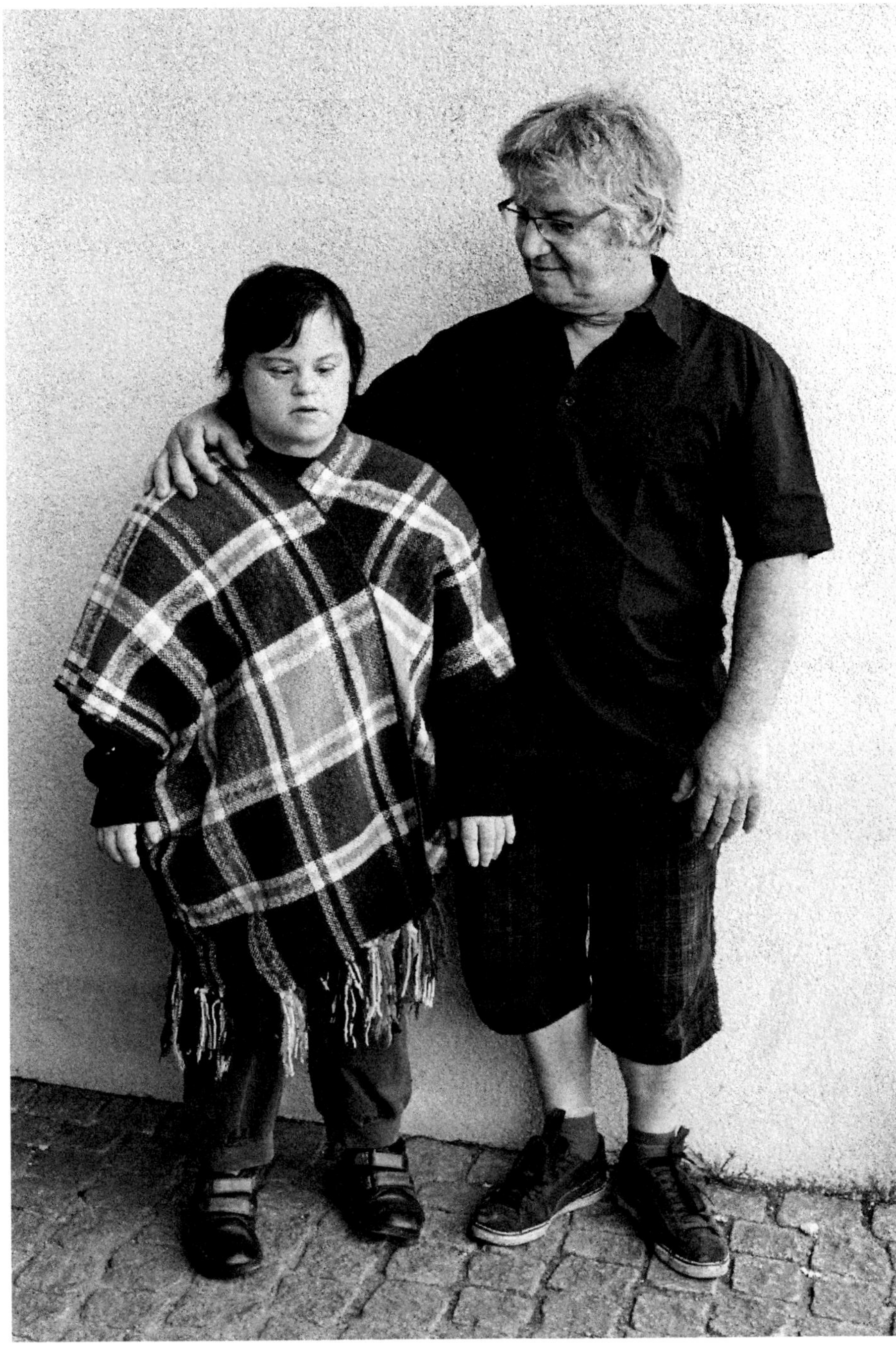

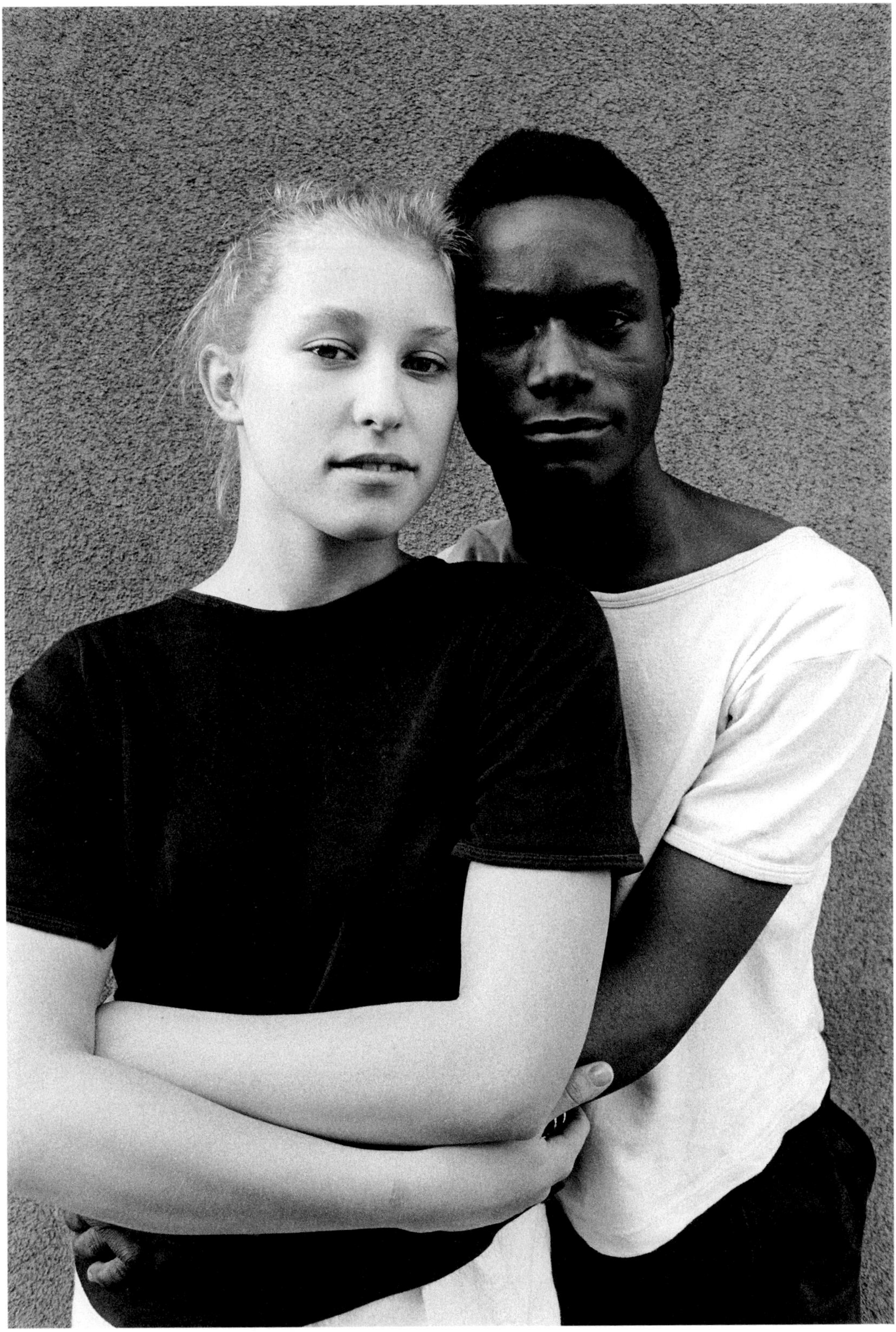

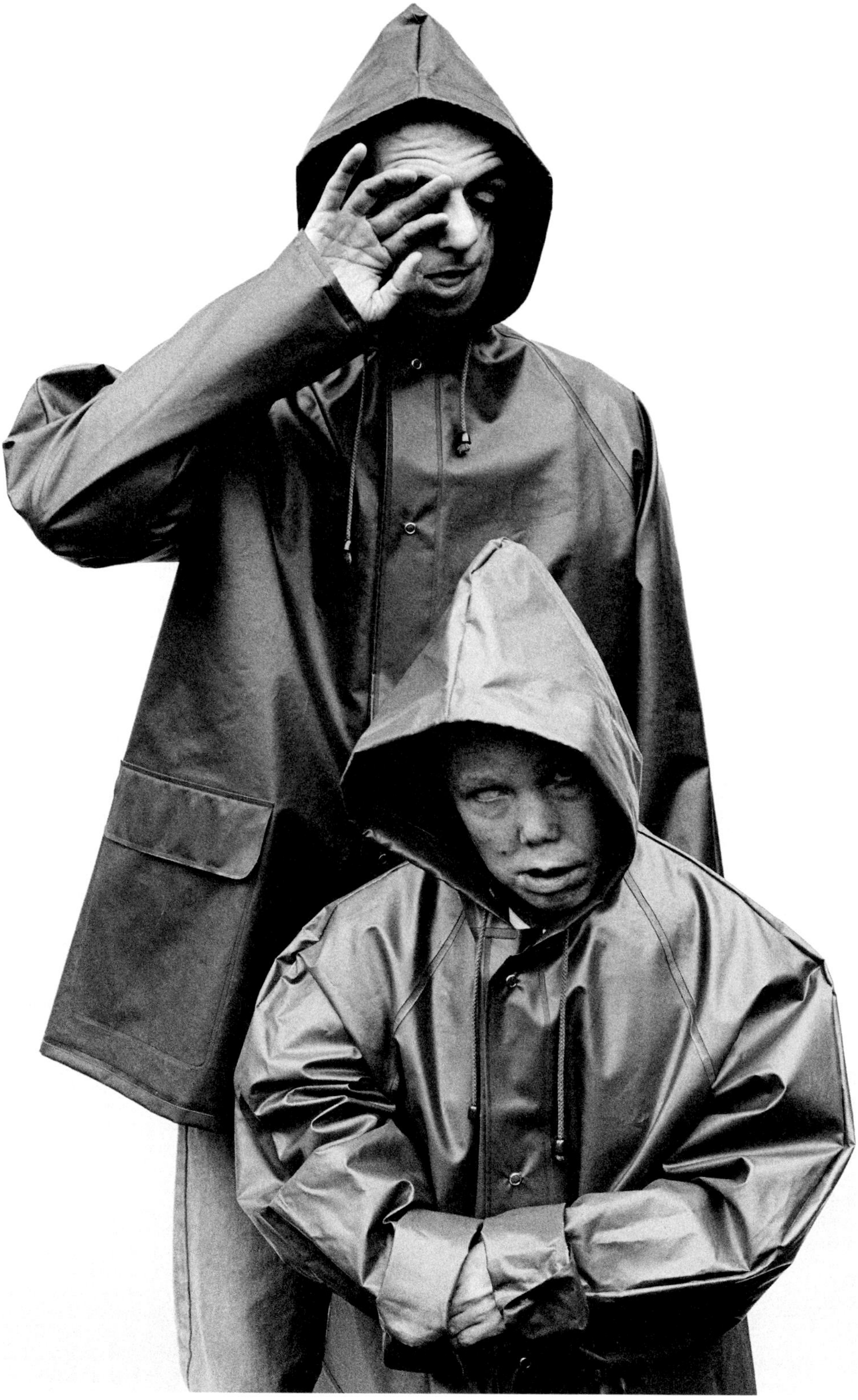

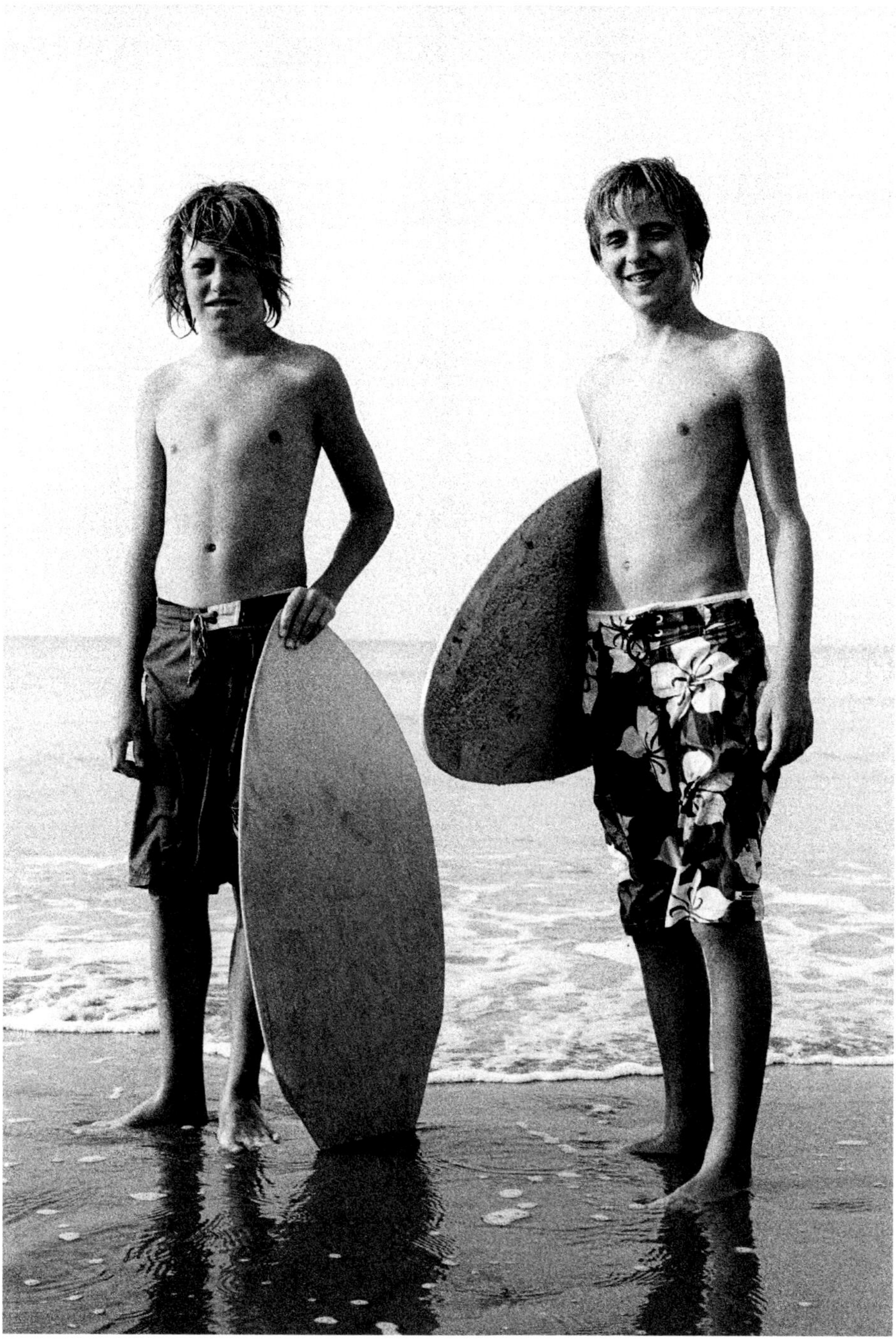

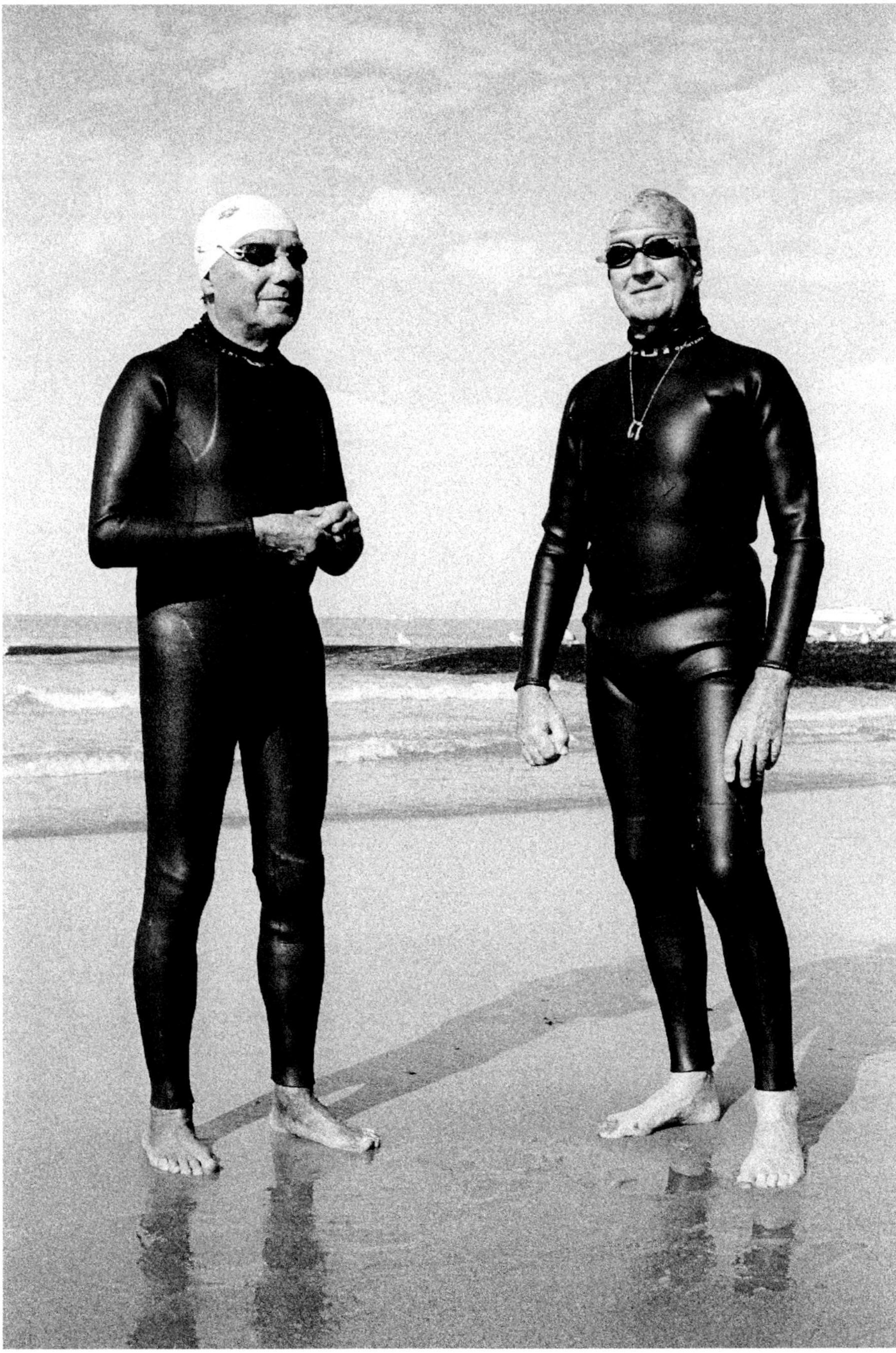

TWICE

Photography
Jacques Sonck

Concept & Book design
Jean-Michel Meyers
www.jeanmichelmeyers.be

Preface
Roger Szmulewicz

Publishing
Bruno Devos at **Hopper&Fuchs**

Printed in Belgium
Stockmans Art Books at **Antilope De Bie Printing**

Paper: Arctic Volume White 130 gsm

ISBN: 9789464002133

First edition, November 2022, 1000 copies.

Thanks to Roger Szmulewicz (Gallery FIFTY ONE), Bruno Devos &
Erika Cotteleer.

HOPPER&FUCHS